Albert Mennung

Der Bel inconnu des Renaut de Beaujeu

in seinem Verhältnis zum Lybeaus Disconus, Carduino und Wigalois. Eine

litterar-historische Studie.

Albert Mennung

Der Bel inconnu des Renaut de Beaujeu
in seinem Verhältnis zum Lybeaus Disconus, Carduino und Wigalois. Eine litterar-historische Studie.

ISBN/EAN: 9783743488298

Hergestellt in Europa, USA, Kanada, Australien, Japan

Cover: Foto ©Thomas Meinert / pixelio.de

Manufactured and distributed by brebook publishing software (www.brebook.com)

Albert Mennung

Der Bel inconnu des Renaut de Beaujeu

Der
Bel Inconnu des Renaut de Beaujeu
in seinem Verhältnis zum
Lybeaus Disconus, Carduino und Wigalois.
Eine litterar-historische Studie.

Inaugural-Dissertation

zur

Erlangung der philosophischen Doctorwürde

eingereicht

DER HOHEN PHILOSOPHISCHEN FACULTÄT

der

Königl. Vereinigten Friedrichs-Universität

Halle-Wittenberg

von

Albert Mennung
aus Hildesheim.

Halle a. S.
Buchdruckerei von M. Kandler.
1890.

Meinen lieben Eltern

in Treue und Dankbarkeit gewidmet.

Inhalts-Uebersicht.

Litteratur . . . . S. I—III.
Abschnitt I. Entwickelung und Stand der wissenschaftlichen Untersuchung . . . . „ 1— 3
I. Cap. Der Bel Inconnu. . . . . „ 4—21
Abschnitt II. Analyse desselben . . . . . . „ 4—12
      Tabellen der Sagengruppen . . nach „ 12
      Analytische Tafel zu den Tabellen „ 13
„ III. Dichter und Abfassungszeit . . . „ 14—15
„ IV. Elemente des Sagenstoffes in ihren Benutzungen und Entlehnungen . . . . „ 15—20
„ V. Tasso und Beaujeu . . . . . . „ 20—21
II. Cap. Der Lybeaus Disconus . . . . . . „ 21—33
Abschnitt VI. Analyse desselben . . . . . „ 21—26
„ VII. Verhältnis zum Bel Inc. . . . . „ 26—31
„ VIII. Entstehungszeit und Verfasser . „ 31—33
III. Cap. Der Carduino . . . . „ 33—50
Abschnitt IX. Analyse desselben . . . . . „ 33—37
„ X. Untersuchung über das Dümmlingsmärchen im Card. . . . . „ 38—44
Abschnitt XI. Ursprüngliche Gestalt und Entwickelung des Sagenstoffes . . . . . . „ 44—50
Filiationstafel . . . . „ 51
IV. Cap. Der Wigalois. . . . . „ 52—66
Abschnitt XII. Analyse desselben . . . . . „ 52—56
„ XIII. Verhältnis zum Bel Inc. . . . „ 56—63
      Uebersicht der Quellenberufungen Wirnts „ 64
„ XIV. Wigalois und Winwalois . . . „ 65—66
Nachtrag . . . . „ 67

Litteratur.

Alton, Joh.: Einiges zu den Charakteren der Artus-Sage. XXXIII. Bericht über das k. k. Staatsgymnasium im 8. Bezirke Wiens für das Jahr 1883.
d'Ancona, A.: Una Poesia ed una Prosa di Ant. Pucci. Propugnat. II, 2 p. 407.
Bartsch, K.: Beiträge zu den rom. Lit. Jahrb. f. r. u. e. Lit. XI, 161.
Bethge, Rich.: Wirnt von Gravenberg. Eine lit.-hist. Untersuchung. Berl. 1881. [Teil I. auch als Dissertation erschienen].
Bibliothèque universelle des romans, ouvrage périodique, dans lequel on donne l'analyse raisonnée des romans anciens et modernes etc. Paris Juli 1775—Juni 89.
Birch-Hirschfeld, Ad.: Ueber die den prov. Troubadours des XII. und XIII. Jhd. bek. episch. Stoffe etc. Halle 1878.
  Idem: Die Sage vom Gral etc. Leipzig 1877.
Blätter für lit. Unterhaltung. Leipzig 1826 ff.
ten Brink, B.: Geschichte der Englisch. Lit. Bd. I. Berlin 1877; Bd. II. ibid. 1889.
Bolland, Joh.: Acta Sanctorum. Antwerpen 1684.
Breul, K.: Besprechung des Octavian. Engl. St. IX. 459—66.
Child, J.: English and Scottish Ballads vol. 8 (8⁰) Boston 1877; IIte erweiterte Ausgabe Boston 1883 ff. (4⁰)
Crestien v. Troyes Erec und Enide ed. v. J. Bekker.[1]) Haupts. Z. f. d. A. Bd. X. 373—550, 1856.
  Idem: Cligès, ed. v. W. Förter. Halle 1888.
Dobeneck, Ferd. von: Des deutschen Mittelalters Volksglauben und Heroensagen. Berl. 1815. 2 Teile.
Dunlop, J.: Geschichte der Prosadichtungen oder Geschichte der Romane etc. übersetzt von F. Liebrecht. Berl. 1851.
Durmars le Galois ed. v. E. Stengel. Tübingen 1873.
Faber, F.: Fratris Felicis Fabri Evagatorium in terrae sanctae, arabiae et egypti peregrinationem ed. v. Hassler. vol. 3 Stuttgart 1843—49.
Förster, W.: Besprechung der Hippeauschen Ausgb. des Bel Inconnu. Z. f. r. Ph. II, 78.

---

[1]) Försters Ausgabe mit ihrer belehrenden Einleitung wurde mir erst zugängig, als diese Bogen bereits im Satze waren.

Goedeke, K.: Grundriss zur Gesch. der deutsch. Dichtung aus den Quellen 2 A. Bd. I. Das Mittelalter. Dresden 1884.

Gordon de Percel [Huet und Lenglet du Fresnoy] De l'usage des romans etc. vol. 2. Amsterdam 1734.

Guillaume le Clerc: Fergus ed. v. E. Martin. Halle 1872.

Hausknecht, E.: Besprechung des Octavian. Lit. Bl. 1886. p. 138.

Hertz, W.: Spielmanns Buch. Stuttgart 1886.

Idem: Die Sage von Parzival und dem Gral (mit Anmerkungen) Heft 3 der deutschen Bücherei. Breslau 1881. S. A. aus „Nord und Süd."

Kirchrath, L.: Li roman de Durmart le Galois in seinem Verhältnis zu Meraugis de Portlesguez und den Werken Chr. d. T. A. u. A. XXI. Marburg 1884.

Kölbing, E.: Riddarasögur. Strassb. u. Lond. 1872.

Idem: Die nordische Parzivalsage und ihre Quelle. Germania XIV. N R II. 129—81 und XV. N R III. 89—94.

Idem: Zur Ueberlieferung und Quelle des me. Gedichtes Lybeaus Disconus. Engl. Stud. I, 121—169.

The Mabinogion from the Llyfr Coch o Hergest etc. by Ch. Guest Part. 1—3. Lond. 1838—40.

Martorell, Joh.: Libre del valeros e strenu caualler Tirant lo Blanch etc. Bibl. catal. vol. 4. Barcelona 1872.

Maundevile, J.: The Voiage and Travaile etc. reprinted fr. the edit. of a. d. 1725 etc. by J. O. Halliwell. London 1839.

Mebes, A.: Ueber den Wigalois von Wirnt von Gravenberg nnd seine afrz. Quelle. Achter Jahresbericht über die städtische Realschule zu Neumünster. Neum. 1879.

Meisner, H.: Wirnt v. Gravenberg. Beiträge zur Beurteilung seiner lit.-hist. Bedeutung. Diss. Breslau 1874.

Meyer, Kuno: Peredur ab Efrawc ed. with a glossary by K. M. Leipzig 1887.

Mones, F.: Anzeiger für Kunde der teutschen Vorzeit. Jahrgang III, 88 und VII. 476.

Mussafia. Besprechung der Hippeauschen Ausg. des Bel. Inc. Jahrbuch f. r. u. e. Lit. IV, 418.

Nyerup, R.: Almindelig Morskabslaesning i Danmark og Norge igjennem Aarhundreder. Kjobenhavn 1816.

Oefele, Fr.: Geschichte der Grafen von Andechs. Innsbruck 1877.

Perceval le Gallois ou le Conte du Graal p. p. Ch. Potvin vol. 6. Mons 1866.

Percys Folio Ms. Ballads and Romances ed. by W. Hales and J. Furnivall vol. 3. London 1867—68.

Paris, G.: Guinglain. Hist. lit. XXX. 171 ff. Abgedruckt aus Rom. XV. p. 1—24.

Pirig, Jos.: Untersuchungen über die sogen. „jüngere Judith" etc. Bonn Diss. 1881.

Rajna, Pio: I cantari di Carduino etc. Scelta CXXXV. Bologna 1873.
Raoul de Houdenc: Meraugis de Portlesguez, roman de la Table ronde, pp. Michelant. Paris 1869.
Raynouard, M.: Lexique roman. vol. 6. Paris 1836—44.
Renauld de Beaujeu: Le Bel Inconnu ou Giglan fils de messire Gauvain et de la fée aux blanches mains etc. P. p. C. Hippeau. Paris 1860.
Ritson, Jos.: Ancient Engleish metrical romanceës, selected and publish'd by. J. R. vol. III. London 1802.
Rochat, A.: Ueber einen bisher unbekannten Percheval li Galois. Eine lit. hist. Abhandlung. Zürich 1855.
Le Saint-Graal ou Le Joseph d'Arimathie p. p. E. Hucher vol. 3. Mans et Paris 1875—78.
Sarrazin, Gregor: Octavian, 2 me. Bearbeitungen der Sage. Heilbronn 1885 (Bd. 3 der ae. Bibl.)
Schmidt, Val.: Besprechung des Werkes von Dunlop. Wiener Jahrbücher der Litteratur. Bd. 26, 20 ff.; Bd. 29, 71 ff.; Bd. 31, 99 ff.; Bd. 33, 16 ff.
Stengel, E.: Besprechung des Kölbingschen Aufsatzes: „Zur Ueberlieferung u. Quelle des Lyb. Disc." Z. f. r. Ph. I, 486.
Stephens, Th.: The Literature of the Kymry being a critical essay on the history of the language and literature of Wales etc. Llandovery 1849.
Surius, Laur.: De probatis Sanctorum historiis etc. vol. 7. Coloniae 1570—81.
Thornton Romances: The early English metrical Romances of Perceval, Isumbras, Eglamour and Degrevant ed. by. Halliwell Bd. 30 der Camden Soc. Lond. 1844.
Tyolet Lai: Lais inédits p. p. G. Paris. Rom. VIII. 29.
Ward, H. L. D.: Catalogue of Romances in the Department of Manuscripts in the Brit. Mus. London 1883.
Warton, Th.: History of English Poetry etc. by Th. W. ed. by C. Hazlitt vol. 4. London 1871.
Wirnt v. Gravenberg: Wigalois, der Ritter mit dem Rade, getihtet von W. v. Gravenberch ed. v. Benecke. Erster Druck. Berl. 1819.
  Idem: Wigalois, eine Erzählung von W. v. Gr. ed. v. Fr. Pfeiffer. Bd. 6. der Dicht. des Deutsch. Ma. Leipzig 1847.
  Idem: Guy von Waleis, der Ritter mit dem Rade v. W. v. Gr., übersetzt von Wolf Grafen v. Baudissin. Leipzig 1848.
Zielke, Osk.: Sir Orfeo, ein engl. Feenmärchen aus dem Ma. mit Einleitung u. Anmerkungen herausgeg. v. O. Z. Breslau 1880.
Zimmer, H.: Besprechung von Nutts Werk: Studies on the legend of the holy Grail. Gött. Gel. Anz. 1890 No. 12.
  Idem: Besprechung von Histoire littéraire de la France tome XXX. G. G. A. 1890 No. 20.
  Idem: Bretonische Elemente in der Arthursage des Gottfried von Monmouth. Zschr. f. frz. Spr. u. Litt. XII. p. 231—256.

Abschnitt I.

Entwicklung und Stand der wissenschaftlichen Untersuchung.

Der von uns im nachfolgenden behandelte Sagenstoff vom „Schönen Unbekannten" hat sich seit dem 12. Jhd. eines so grossen Interesses zu erfreuen gehabt, dass er in nicht weniger als 10 Bearbeitungen vorliegt, die wir in ihrer chronologischen Reihenfolge aufzählen:

1. Le Bel Inconnu des Renaut de Beaujeu c. 1190.
2. Wigalois des Wirnt v. Gravenberg c. 1205.
3. Lybeaus Disconus, eine megl. Romanze aus dem 14. Jhd., von einem unbekannten Dichter.
4. Carduino, ein ital. Rittergedicht, jedenfalls von A. Pucci c 1375 verfasst.[1])
5. Eine deutsche Prosaauflösung des Wigalois vom Jahre 1472.[2])
6. Ein Auszug aus dem vorigen von Ulrich Fürtrer, Maler zu München, gegen Ende des 15. Jhd.
7. Eine frz. Prosaauflösung des Bel Inconnu von Claude Platin aus dem Anfang des 16. Jhd.
8. Eine dänische Uebersetzung der deutschen Prosaauflösung wahrscheinlich noch aus dem 16. Jhd.[3])
9. Isländische Uebersetzung dieses dänischen Buches nicht lange nach demselben.[4])
10. Ein Bänkelsängerlied im jüdisch-deutsch. Dialekt von Josel v. Witzenhausen am Ende des 17. Jhd.

Ungefähr ein Jahrhundert nach dieser letzten Bearbeitung veröffentlichte der Graf Tressan in der Bibliothèque universelle des Romans vol. I, 59 ff. eine sehr ungenaue Analyse der Prosaauflösung des Cl. Platin, womit ein, wenn auch sehr unsicherer Schritt gethan war, den Sagenstoff dem Interessen-

---

1) Vergl. d'Ancona. p. 125.   2) Benecke p. XXVII.   3) Nyerup   4) Ward p. 402.

kreise unserer Zeit näher zu rücken. Genau 25 Jahre später edierte Ritson in seinen Metrical Romanceis vol. II, 1—90 die engl. Romanze von Lyb. Disconus, ohne dass er dabei auf eine Vergleichung mit dem Werke Claude Platins, das er sehr wohl kannte, einging. Erst Benecke sprach in seiner klassischen Ausgabe des Wigalois 1819 p. XXVII der Einleitung die Vermutung aus, dass sowohl die engl. Romanze wie die Prosaauflösung des genannten Mönches auf dieselbe Quelle zurückgingen. Als Quelle des Wigal. aber betrachtete er die einmalige mündliche Darstellung eines trouverre, der seinerseits den Stoff keineswegs erfunden, sondern mittelbar oder unmittelbar aus der Bretagne entlehnt haben sollte. Durch eine erneute, mehr textkrit. Ausgabe des Wigal. von Pfeiffer[1]) 1847 wurde die Einsicht in das Abhängigkeitsverhältnis der bekannten Bearbeitungen um nichts gefördert, ebensowenig durch eine neuhochdeutsche Uebersetzung desselben Gedichtes von Baudissin.[2])

Endlich trat Hippeau mit seiner Ausgabe des Bel Inconnu 1860 in die Oeffentlichkeit. Er basierte die Edition auf eine Handschrift des Herzogs v. Aumale,[3]) die 1855 aufgefunden war, in einer Weise,[4]) dass er 80 Verse einfach ausliess, 9 andere statt der bestehenden und 10 neue statt der in der Handschr. fehlenden gab, wobei er gleichzeitig hunderte von Zeilen dem Wortlaut und Inhalt nach änderte. Durch die bedeutungslose Einleitung der Ausgabe und einen höchst mangelhaften, textkritisch unbrauchbaren Wiederabdruck der engl. Romanze wurde die Einsicht in die Bearbeitungen der Sage nicht gefördert. Auch Rajna war nicht imstande durch seine, an sich verdienstvolle Ausgabe des Carduino Neues zu bieten, da er die Beziehungen des ital. Gedichtes zu den 3 früheren Bearbeitungen erst kennen lernte, nachdem seine Ausgabe bereits erschienen war. Eine von Rajna versprochene Unter-

---

1) Die Angabe K. Goedekes, dass Schönbach den Wigalois ediert habe, (§ 42) ist falsch.
2) cf. Blätter für litt. Unterhaltung 1848 p. 843.
3) Gordon de Percel kannte 4 Handschriften des Bel Inc. vol. II, 245.
4) cf. { Förster: Zsch. f. r. Ph. II, 78.
{ Mussafia: Jahrb. IV, 418.

suchung des ital. und frz. Gedichtes ist leider nie erschienen: Jedenfalls aber gebührt dem Gelehrten das Verdienst durch seine Edition die allseitige Erforschung des Gegenstandes ermöglicht zu haben.

Auch die Dissertation von Meissner 1874, die Abhandlung von Mebes 1879 und das Buch von Bethge (einschliesslich seiner Dissertation) 1881 umfassten nicht die 4 in Betracht kommenden Gedichte, und so vermochten die Verfasser schon deshalb nicht, ganz abgesehen von teilweis prinzipiell falschen Anschauungen, den verwickelten Knäuel möglicher Hypothesen zu entwirren.

Erst G. Paris that in seinem Artikel Romania XV p. 1 ff. (wieder abgedruckt Hist. litt. XXX p. 171 ff.) einen nicht unbedeutenden Schritt vorwärts, ohne jedoch überall ein entschiedenes Urteil abzugeben oder den Stoff allseitig zu erschöpfen.

Die übrige hierher gehörige Litteratur wird, da es sich nicht um Spezialuntersuchungen handelt, an den geeigneten Stellen zur Besprechung kommen.

Indem ich nun auf die Ideen und Beweismittel meiner Vorarbeiter zurückgreife, diese einer kritischen Sichtung unterwerfe und ihre Ansichten teils zu modifizieren, teils durch neue Gesichtspunkte zu stützen, teils aber auch in wesentlichen Momenten zu widerlegen versuche, hoffe ich ein genügendes Material herbeizubringen, um endgültige Urteile abgeben zu können. Die dabei befolgte Methode ist vordem nicht angewendet worden. Sie ist im wesentlichen die, dass ich die in Betracht kommenden Bearbeitungen nach genauer Analyse in stofflich gleiche Gruppen teile, ihre Analogien und somit indirekt ihre Differenzen tabellarisch zusammenstelle und auf Grund dieses Verfahrens ein klares Urteil zu gewinnen suche. Diese Art der Darstellung gewährt den Vorteil einer auf andere Weise unerreichbaren Durchsichtigkeit. Fernerhin war ich bemüht, den ursprünglichen Kern der Sage durch andere Litteraturen hindurch zu verfolgen, das Verhältnis Beaujeus zu Tasso aufzuhellen und schliesslich eine Beeinflussung der Lebensbeschreibung des heil. Winwalois durch gewisse Elemente unserer Sage näher zu beleuchten.

I. Capitel.
Abschnitt II.
Analyse des Bel Inconnu.

In 10 einleitenden Versen unterrichtet uns der Dichter über die Veranlassung zu seinem Werke: Er liebt eine Dame und um ihretwillen singt er sein Lied; sie soll daraus erkennen, wie sehr er ihr in Liebe zugethan und was er zu leisten imstande ist. Ausdrücklich sagt er: „Mais mostrer veul que faire sai." Darnach beginnt er seine Erzählung. V. 10

In dem meerbespülten Charlion hat sich der König Artus vor einer glänzenden Versammlung krönen lassen. Von nah und fern waren die erlauchtesten seines Königreichs herbeigeströmt und sassen nun beim heitern Lied der Harfner an der Festtafel. Da erscheint plötzlich auf seinem Renner ein prächtig geschmückter Ritter vor Artus und ersucht ihn um die Gewährung der ersten Bitte, welche er an ihn richten würde. Der König sagt ihm dies huldvoll zu, worauf er absteigt und an der Tafel Platz nimmt. Neugierig den Namen des von allen bewunderten Ritters zu erfahren, sendet Artus den Beduier zu ihm. Aber der Ritter kennt seinen Namen selbst nicht; er weiss nur, dass ihn die Mutter „biel fil" nannte. Der König befiehlt darauf ihn von nun ab „Biaus Desconneus" zu heissen.

Ehe noch die Tafel aufgehoben ist, naht sich auf einem durch einen Zwerg angetriebenen Zelter eine herrliche Jungfrau, die schon durch ihr Aeusseres einen hohen Stand verrät. Sie giebt sich Artus als Botin der Tochter des Königs Gringar zu erkennen, welche sie hülfeflehend zu ihm geschickt habe mit der Bitte, ihr den edelsten und kühnsten Ritter zu senden, der imstande wäre sie aus ihrer Not zu befreien dadurch dass er den „fier baisier" wage. Kaum hat der schöne Unbekannte diese Worte vernommen, als er sich sofort bereit erklärt, die That auszuführen, während die Ritter der Tafelrunde in dumpfem Schweigen verharren. Der König weigert sich anfangs wegen der Jugend des Bittenden seine Zustimmung zu geben, sieht sich aber durch sein Wort gebunden und giebt nach, indem er den Jüngling sogar unter die Ritter der Tafelrunde aufnimmt. Die Jungfrau mit Namen Helie, über diesen knabenhaften Beschützer empört, bricht in laute Klagen aus und verlässt, da sich Artus nicht zur Aenderung seines Beschlusses verstehen will, mit Schmähungen gegen die Tafelrunde samt ihrem Zwerge Tidogolain den Hof. Nicht abgeschreckt durch dieses Benehmen lässt sich der schöne Unbek. vielmehr sogleich von Gauvain auf das sorgfältigste waffnen, nimmt Abschied vom Könige und sprengt der Jungfrau mit seinem Knappen Robert nach. Nachdem er sie erreicht hat, bittet er um die Erlaubnis mitreiten zu dürfen, wird aber ziemlich hart von ihr angelassen. Schliesslich lässt es die Jungfrau aber doch zu, dass der Jüngling sie begleitet.

Nachdem die Reisenden eine 3 geraume Zeit neben einander hergeritten sind, kommen sie an eine Furt, deren Uebergang von einem gewaltthätigen Ritter namens Blioblieris verteidigt wird. Dieser Unhold lässt sich sogleich von seinem Knappen Rüstung und Waffen reichen und erwartet hoch zu Ross am jenseitigen Ufer seinen Gegner. Als die Jungfrau seiner ansichtig wird, beschwört sie den schönen Unbekannten umzukehren, um sein Leben nicht dem sichern Tode anheimfallen zu lassen. Der Jüngling ist aber nicht dazu zu bewegen; er versucht vielmehr von Blioblieris auf gütlichem Wege die Erlaubnis des Durchganges auszuwirken. Da jede Vorstellung vergeblich ist, so greift der schöne Unbekannte wütend zu seinen Waffen und es entspinnt sich alsbald ein hitziger Zweikampf, der erst mit der Lanze zu Ross, dann mit dem Schwerte zu Fuss ausgekämpft wird und schliesslich mit der Niederlage des Wegelagerers endet. Dem Tode entgeht er nur dadurch, dass er seinem Sieger Treue schwört und verspricht sich unverzüglich an den Hof des Königs Artus zu begeben.

Während nun die Reisenden 4 ihren Weg fortsetzen, liegt der verwundete Blioblieris stöhnend in seiner Hütte und erwartet 3 seiner Genossen, welche noch vor Einbruch der Nacht zurückkehren müssen. Sie führen die Namen Elin, Chevalier des Aies und Guillaume de Salebrant. In der That lassen sie nicht lange auf sich warten und sind von grossem a Schmerze erfüllt, als sie ihren Genossen in seinem trostlosen Zustande antreffen. Der arglistige Blioblieris fordert sie sofort zur Rache d. h. zur Verfolgung seines b Gegners auf. Er beschreibt ihnen die Reisegesellschaft so gut er kann, sie sitzen auf und zornglühend verschwinden sie im Dunkel der Nacht.

Indessen war der schöne Un- 5 bekannte mit seinen Begleitern bei Sonnenuntergang auf eine blumige Waldwiese gelangt, wo man auf Vorschlag der Jungfrau die Nacht verbringen wollte. Sie lagern sich, und beim Sang der Nachtigallen schlafen sie ein. Am frühen Morgen wird der Ritter a plötzlich durch ein lautes Geschrei erweckt, das aus dem Walde kommt. Es ist eine zarte Stimme, die Gott angstgequält um Hülfe anruft. Sofort will der Ritter dem Schalle nacheilen, wird aber von Helie daran gehindert. Doch b nicht Flehen noch Schelten vermag den jungen Helden zurückzuhalten; er besteigt sein Ross und eilt mit Robert in den Wald. Bei dem Orte angelangt, von wo der Hülferuf ertönt, erblicken sie ein mächtiges Feuer, an dem 2 scheussliche Riesen sitzen. Der eine von ihnen hält ein Mädchen in seinen Armen, die laut weint, während der andere einen Braten im Feuer röstet. Sogleich wirft sich der Ritter auf den Riesen, welcher der Jungfrau Gewalt anthun will; er stösst ihm die Lanze durch und durch und stürzt ihn c dann ins Feuer. Da schleudert der andere Riese seine Keule nach ihm, wirft ihm den Schild aus der Hand und verwundet sein Pferd. Beim zweiten Angriff des Riesen verfängt sich dessen Keule in den Baumzweigen, wodurch sie ihm aus der Hand fliegt. Ehe ihm noch Zeit bleibt dieselbe aufzuheben, hat ihm Lib. Desc. den Kopf zerspalten. Nach diesem glänzenden Siege dankt die befreite Jungfrau ihrem Retter in rührenden Worten für seine Heldenthat.

Sie heisst Clarie und ist die 6 Schwester Saigremors. Von den Riesen war sie aus dem Garten ihres Vaters geraubt worden.

Die nunmehr auf 5 Personen 7 angewachsene Gesellschaft labt sich in voller Sicherheit an den Vorräten der Riesen, die Robert a und des Zwerges Spürsinn aufgefunden, als sie mit einem mal durch 3 heranjagende Reiter erschreckt wird. Es sind die Freunde des listigen Blioblieris, welche den schönen Unbekannten an dieser Stelle eingeholt haben. Wütend wollen sie sich alle 3 zugleich auf den der Waffen Entledigten stürzen, als ihnen Helie kühn die Niedrigkeit dieser Handlungsweise vorwirft, und sie dadurch zum Anhalten veranlasst. Lib. Desc. lässt sich sogleich waffnen und b greift seine 3 Feinde nach einander an. Einen derselben tötet er, die beiden andern schickt er gefangen an den Hof des Königs Artus.

Er ersucht sie gleichzeitig 8 die Jungfrau Clarie wohlbehalten ihrem Vater wieder zuzuführen.

Der Dichter fügt hier einen Exkurs über die Liebe ein und erklärt seine Geliebte noch nicht „s'amie", wohl aber „la moult aimée" nennen zu dürfen. Excurs des Dichters.

Heiter plaudernd bricht man 9 endlich auf, als auch schon wieder eine Aventüre naht. Von bellenden Bracken verfolgt, bricht ein 16 Ender durch den Wald und a fliegt an ihnen vorüber. Unter der Meute befindet sich auch ein kleines, höchst seltsam gefärbtes Hündchen, das auf dem Wege vor den Reisenden stehen bleibt, weil es sich einen Dorn in den Fuss getreten. Schnell ergreift Helie das reizende Tier und birgt b es unter dem Mantel. Da kommt plötzlich ein Jäger an sie herangesprengt und bittet die Jung- c frau das Hündchen, weil es sein Eigentum sei, herauszugeben. Aber weder die Bitten noch Drohungen des Jägers noch auch die Vorstellungen des jungen Ritters vermögen die Jungfrau dazu zu bewegen.

Wütend wirft der Angekom- 10 mene sein Ross herum und eilt a nach seinem Jagdschloss zurück, wo er sich sogleich waffnen lässt. In Kürze jagt er den Waldweg wieder zurück dem schönen Unbekannten nach, der nun für seine Dame einzutreten genötigt ist. Es entspinnt sich ein heftiger b Kampf, während dessen die Ritter auf ihren Pferden ringend zu Boden stürzen und dort weiter kämpfen. Schliesslich bleibt der junge Ritter doch Sieger. Er sendet seinen Gegner namens Orguillous de la Lande zum König Artus, nachdem er sich demselben als Biaus Desc. zu erkennen gegeben hat.

Am Abend desselben Tages 11 kommen sie vor das Schloss Bel Leus, das mitten in einem Strome liegt als Mittelpunkt eines herrlichen Landschaftsbildes. Da begegnet ihnen eine sehr schöne a Jungfrau mit den Zeichen grösster Verzweiflung angethan. Der mitleidige Ritter erfährt von ihr, dass der Herr des Schlosses ihren b Geliebten getötet habe, weil er einen wertvollen Sperber für sie beansprucht hätte, den eben jener Schlossherr als Preis für die schönste Jungfrau ausgesetzt habe. Die Unterthanen desselben seien über diese Frevelthat sehr erzürnt. Der schöne Unbekannte erbietet sich sogleich ihr zu dem Sperber zu verhelfen. Er wendet sich daher zu dem Ort, wo der Sperber auf seiner goldnen Stange sitzt, und fordert sie auf denselben herabzunehmen. Da erscheint der Schlossherr namens Giflet und c greift den Ritter an, denn er beansprucht den Vogel für seine hässliche Geliebte Rose Espanie. Nach hartem Kampfe, in dem beide sattellos werden, besiegt der junge Held seinen Gegner und sendet ihn zu Artus. Die Nacht verbringen sie auf Bel Leus, und hier erfährt man, dass die gerächte Jungfrau mit Namen Margerie die Tochter des Königs von Schottland ist. Helie erkennt in ihr eine frühere Freundin; sie schenkt ihr das schöne Hündchen und gerührt nehmen sie Abschied.

Man reitet den ganzen Tag 12 und erreicht gegen Abend eine prächtige, von einem Meeresarm umrauschte Stadt, deren Marmormauern den Reisenden entgegenglänzen. In der Stadt, die den Namen Ile d'or führt, befindet sich ein überaus prächtiger Palast, der von der dame as blances mains bewohnt wird. Die Brücke, welche das Schloss mit dem Festlande verbindet, ist von einem Ritter Malgier li Gris bewacht, a der jedem Fremden den Kopf abschlägt und ihn zu den übrigen gesellt, welche bereits mit ihren leuchtenden Helmen von den Brückenthürmchen herunter glänzen. Wer aber den Ritter besiegt und 7 Jahre lang das Kastell verteidigt, soll der Gemahl des Burgfräuleins werden. Sogleich ist der schöne Unbekannte bereit den Kampf zu wagen. Unter dem b Zuschauern der herbeigeströmten Bevölkerung entwickelt sich ein furchtbarer Streit, der mit grösster Erbitterung und anfangs gleichem Glück geführt wird. Endlich überwindet der junge Held seinen gewaltigen Gegner, indem er ihm das Haupt bis auf die Zähne spaltet.

Hocherfreut über den Tod 13 des verhassten Malgier führt die Bevölkerung den schönen Unbekannten auf das Schloss. Huldvoll wird er von der liebreizenden a Herrin empfangen. Sie ist über alle Massen schön, jeder Teil ihres Körpers ein vollendetes Meisterstück der Natur. Süss lächelnd führt sie den erstaunten Jüngling zu einem seidenen Ruhekissen und lässt sich neben ihm nieder. Bereitwilligst bietet sie b ihm Herz und Hand, um ihn im Schlosse bei sich zurückzuhalten.

Helie durchschaut den Plan 14
des schönen Weibes und erinnert
deshalb den Ritter an den Zweck
seiner Reise und an sein gegebenes a
Ritterwort. Sie verabreden heimlich beim Morgengrauen aus dem
Schlosse der Schönen zu entfliehen. Unruhig liegt der Jüngling
auf seinem prächtigen Ruhebett,
als auf einmal die Jungfrau, die
schöne Gestalt in einen leichten
Mantel gehüllt, in nächtlicher
Stille an seinem Lager erscheint, b
sich über ihn beugt und ihr Haupt
auf seine Brust neigt. Sie gesteht dem erstaunten Ritter ihre
Liebe und bittet ihn sie zu seinem Weibe zu machen. Als aber
der Jüngling sie zu küssen begehrt, reisst sie sich aus seinen
Armen los und verschwindet so
schnell als sie gekommen, indem
sie ihm die Gewährung dieses
Wunsches nur als sein eheliches
Weib in Aussicht stellt. Erst
nach langer Zeit fand der schöne
Unbekannte den ersehnten Schlaf.

Kaum kündet die Morgen- 15
röte den jungen Tag an, als sich
der Jüngling im Bewusstsein
seiner Ritterpflicht erhebt und
dem Schlosse der holden Fee
blutenden Herzens den Rücken
kehrt, ohne dass jemand die heimliche Entfernung der Gäste bemerkt.

Bis zum Abend reiten sie, 16
als ein graues Schloss mit Namen
Galigan zwischen Weinbergen und
Forsten vor ihnen auftaucht, zu
dessen Füssen eine Stadt liegt.
Diese Burg ist von einem Recken
Lampar bewohnt, der nur denjenigen beherbergt, welcher ihn
vorher im ritterlichen Zweikampf a
überwunden hat. Jeder von ihm
Besiegte aber wird von den Einwohnern der Stadt in schmählicher Weise beschimpft, indem
sie den Armen mit in Kot und
allerlei Unrat getauchte Lappen b
und Asche bewerfen. Trotz
dieser hässlichen Aussichten ist
der junge Held entschlossen den
Kampf sogleich anzunehmen. Der
grauhaarige Schlossherr empfängt
den Ankömmling freundlich und
lässt sich sogleich waffnen. Mancher Speer wurde da zersplittert,
ehe die ungestüme Kraft des c
Jünglings den Alten in den Sand
schleuderte.

Der Besiegte nimmt den 17
schönen Unbekannten in liebenswürdigster Weise bei sich auf.
Helie kennt Lampar bereits, denn a
er ist der Seneschall ihrer Herrin
und deshalb ebenso an deren Befreiung interessiert wie Helie
selbst. Nach erquickender Nachtruhe erheben sich der Schlossherr b
und seine Gäste sehr früh und
machen sich nach dem eigentlichen Zielpunkte ihrer Reise, der
Cité Gastée, auf den Weg. Bald
sieht man die einst so herrliche
und nun verödete Stadt in erschreckender Einsamkeit vor sich
liegen; zwei Ströme umrauschen
die Mauertrümmer. Nachdem
Lampar dem Jüngling die ge- c
nauesten Verhaltungsmassregeln
gegeben, geht die Gesellschaft
weinend auseinander.

Mutig setzt der schöne Un- 18
bekannte seinen Weg in die verwüstete Stadt fort und findet alles a
genau so wie es ihm der Seneschall vorausgesagt hatte. Er
tritt in den Saal des 1000 fenstrigen
Palastes ein. In jedem der Fenster sitzt ein Spielmann mit einem

Musikinstrument und vor ihm b
brennt eine Kerze. Mit vielstimmigen Akkorden empfangen die
Spielleute den Fremdling, der
ihnen dafür aber nach dem Gebot Lampars einen Fluch ent- c
gegenschleudert. In der Mitte des hellerleuch- 19
teten Saales angekommen, sprengt
aus einer finstern Kammer ein a
wohlbewaffneter Ritter gegen den
Jüngling. Beide stossen sich vom
Ross herab und kämpfen zu Fuss
weiter. Nach kurzem Kampfe
flieht der Gegner in seine dunkle
Kammer zurück, wohin ihn aber
Bel Inconnu nicht folgt, denn
drohende Aexte starren ihm daraus entgegen. Da erscheint abermals ein gewaltiger Ritter auf b
einem feuerschnaubenden und an
der Stirn mit einem Horn versehenen Rosse, unter dessen
Füssen das Getäfel zerbirst. Nach
einem erbitterten Kampfe schlägt
der junge Held seinem Gegner
den Kopf ab. Mit einem Male
verlassen alle jogleors ihre Plätze,
der Palast erbebt bis in seine
tiefsten Fundamente, und eine undurchdringliche Finsternis breitet
sich aus.
Da naht dem entsetzten Ritter 20
eine 3 mal geringelte, 4 Klafter
lange Schlange, aus deren Rachen
Flammen schlagen, die den Saal
erleuchten. Das Ungeheuer naht
sich demütig, indem es sich vor
dem Ritter, der die Hand an sein
Schwert legt, schmeichelnd verneigt. Plötzlich erhebt es sich
und küsst den Mund des schönen
Unbekannten, worauf es sich in
derselben demütigen Haltung zurückzieht und eine undurchdringliche Finsternis zurücklässt.

Da ertönt eine Stimme von 21
oben, die dem Ritter zuruft, dass
er der Sohn Gauvains und der
Fee Blancemal sei und den Namen
Guinglain in der Taufe empfangen
habe. Ausser ihm und seinem
Vater hätte niemand den Zauber
dieser verwüsteten Stadt brechen
können; seine Mutter habe ihn
zu diesem Zwecke zum König
Artus gesandt. Die Stimme
schweigt und der erschöpfte Guinglain sinkt in tiefen Schlaf.

Als er am hellen Tage er- 22
wacht, steht eine in herrliche Gewänder gekleidete Jungfrau
lächelnd vor ihm. Sie ist niemand
anders als die von dem Ritter erlöste Esmeree, Tochter des Königs
Gringar. Sogleich giebt sie sich
ihrem Erretter zu erkennen und
erzählt ihm die Ursache der Verzauberung.

Nach dem Tode ihres Vaters 23
seien zwei Zauberer Mabon und a
Eurain in ihr Land gekommen,
die die ganze Stadt durch ihre
Künste verödet und sie selbst in
eine Schlange verwandelt hätten.
Nur wenn sie Mabons, des älteren
Weib geworden wäre, hätte er b
den Zauber von ihr genommen.
Da sie sich aber nie dazu hätte
verstehen können, so sei sie bis
auf den heutigen Tag eine scheussliche Schlange geblieben, denn
nur von Gauvain oder ihm hätte
der Zauber gebrochen werden
können.

Ihr Königreich führe den 24
Namen Gales und die Stadt heisse
Sinadon. Sich selbst und diese
Herrschaft gäbe sie ihm zu eigen. a
Guinglain verspricht die schöne
Esmeree zu seinem Weibe zu

nehmen, wenn ihm Artus die Er- b
laubnis dazu nicht versagt.

Bald verbreitet sich die Nach- 25
richt von der Entzauberung der
Fürstin; von allen Seiten strömen
die Edlen des Landes freudig herbei das Wunder zu schauen.

In feierlicher Prozession er- 26
scheinen die Kirchenfürsten samt
der niederen Geistlichkeit und
weihen durch Gebete, Lobgesang
und Spezereien die entzauberte
Stadt wieder zu einem Wohnsitz
von Menschen.

Nach vorheriger Ueberein- 27
kunft mit den Reichsedlen sendet
Esmeree eine Deputation an den
durch seine Wunden darnieder-
liegenden Ritter, um ihm Herz
und Scepter anzutragen. Guinglain erklärt den Gesandten nichts
ohne die Zustimmung des Königs
Artus thun zu dürfen und rät der
Königin sich selbst an den Hof
desselben zu begeben, um Artus
für ihre Befreiung zu danken,
gleichzeitig aber auch seine Entscheidung einzuholen.

Die Königin fügt sich ganz 28
den Wünschen des Geliebten; es
werden die grossartigsten Anstalten zur Abreise getroffen, um
würdig vor dem erlauchten Fürsten
zu erscheinen.

Auf seinem Schmerzens- 29
lager ist in dieser Zeit mit
Guinglain eine deutliche Verwandlung vor sich gegangen. Er fühlt
eine übermächtige Sehnsucht nach
der lieblichen Besitzerin von Ile
d'or, welche allmählig sein gan-
zes Denken und Fühlen beherrscht
und seine Gesundheit zu unter-
graben droht. Er teilt sich seinem
treuen Genossen der Gefahren
und Wächter seines Krankenlagers
mit, der natürlich kein anderer
als Robert ist. Dieser rät ihm
unter dem Vorwande einer wich-
tigen Veranlassung die blonde Esmeree zu verlassen und in die
Arme seiner Geliebten zurückzu-
eilen. So geschieht es.

Die Königin bricht indessen 28
im Vertrauen auf das feste Ver- Fort-
sprechen Guinglains, ihr sobald setzg.
als möglich zu folgen, allein nach
dem Hofe des Königs Artus auf.

Der Ritter aber eilt auf den 30
Flügeln der Sehnsucht nach Ile
d'or. Doch wie entsetzt und
schmerzerfüllt ist er, als ihm die
erzürnte und in der Verstellungs-
kunst wohl erfahrene Dame mit
einem erstaunten „Qui estes-vos?"
— entgegentritt und ihn schliesslich, nachdem sie der Verstellung
entsagt, nach nicht zu kurzer
Strafpredigt herbergslos vor ihrem
Palaste stehen lässt.

Nach langen qualvollen Tagen 31
erscheint endlich eine Botin der
Fee und fordert den ungläubigen
Ritter auf zu ihrer Herrin zu
kommen. Er findet sie in ihrem
herrlichen Garten im Kranze ihrer
Jungfrauen, wo sie ihn in Gnaden
aufnimmt und ihm offen ihre Liebe
gesteht.

Nach dem Nachtmahl wird Guin- 32
glain ein prächtiges Lager im Palaste bereitet. Die Geliebte trennt
sich mit folgenden Worten von ihm:

„Et je en ma cambre girai,　　V.
Et l'uis trestout ovcrt lairrai.　4407 ff.
Il ne serra mie a nuit clos
Gardes que ne soies tant os
Que vos laïens a nuit ales"

Nach stundenlangem Zaudern und 33
Ueberlegen überwindet den Ritter
doch schliesslich das Verlangen
nach seiner Geliebten. Er erhebt

sich und will eben die verbotene Schwelle überschreiten, als er sich ganz unerwartet auf einem schwankenden, schmalen Brette erblickt, unter dem ein wütender Strom dahinrast. Entsetzt hält er sich an dem Brett fest, während sein à Körper über dem Strome schwebt. So laut er kann ruft er um Hülfe. Man eilt von allen Seiten mit Licht herbei und findet den verblüfften Liebhaber an — einer harmlosen Sperberstange hängen, b die er mit den Händen ergriffen hat. Beschämt kehrt er zu seinem Lager zurück, den Zauber verwünschend.

Nach einem abermaligen lan- 34 gen Sinnen und Ueberlegen erhebt er sich zum zweiten Male. Schon glaubt er sein Ziel erreicht zu haben, als das Gewölbe des Saales auf ihn herabsinkt und ihn zu erdrücken droht. Aus angsterfüllter Brust lässt er neue Hülferufe erschallen. Die Dienerschaft stürzt herbei und findet den Gast unversehrt im Bette, — ein unschuldiges Kopfkissen hatte sich auf seinen Hals gelegt.

Beschämt und wütend zugleich 35 überlässt sich der Ritter seinem Schmerze, wird aber bald völlig getröstet, als ihn seine Geliebte durch eine Jungfrau zu sich entbieten lässt. Im vollen Besitze ihrer Liebe vergisst Guinglain schnell alle erlittene Not. Mit lächelnder Miene erzählt ihm die Schöne, dass sie der Zauberkunst mächtig sei und deshalb auch vorausgewusst hätte, dass er zu ihr zurückkehren würde. Sie habe ihn schon als Kind bei seiner Mutter oft besucht und die Fäden seines Schicksals seither in Händen gehabt. Alle Abenteuer, die er vollbracht, seien durch ihre geheime Hülfe zu Ende geführt und sie sei auch jene Stimme gewesen, welche ihm nach Mabons Besiegung seinen Namen verkündet. Am nächsten Tage versammelt die Fee von Ile d'or die Grossen ihres Reiches und befiehlt ihnen den Ritter als ihren Herrn anzuerkennen.

Indessen war die blonde Es- 36 meree am Hofe des Königs Artus angekommen. Sie wird von dem Fürsten gebührend empfangen und unterlässt es nicht, ihm für ihre Befreiung den herzlichsten Dank zu sagen. Zugleich bittet sie ihn um die Erlaubnis sich mit dem Ritter vermählen zu dürfen. Der höfische König giebt der blonden Esmeree seine freudige Zustimmung und beruft eine Versammlung seiner Edlen, um ein Mittel ausfindig zu machen Guinglain an seinen Hof zurückzuführen.

Amangon schlägt vor ein 37 grosses Turnier anzusagen und es weithin verkünden zu lassen. Sicherlich würde der junge Held zu demselben erscheinen, wo er auch wäre. Der Vorschlag findet allgemeine Zustimmung. Zahlreiche Boten ziehen in das Land hinaus, um alle Ritter zur Beteiligung an dem Waffenspiel aufzufordern.

So erscheint auch ein jogleor 38 vor dem Schlosse der Fee, in welchem Guinglain im stillen Liebesglück weilt. Sofort steht bei ihm der Entschluss fest an dem Turnier teilzunehmen. Nicht vermögen ihn die rührenden Bitten und der tiefe Schmerz der Geliebten davon abzuhalten. Sie weiss schon aus den Sternen, dass der Ritter für sie verloren ist. Gleich der nächste Morgen wird zum Aufbruch bestimmt. Als Guinglain die Augen aufschlägt, befindet er sich in einem Walde, neben ihm liegen seine Waffen und zu seinen Füssen ruht sein treuer Knappe, das Ross am Zügel haltend. Nachdem sie sich von ihrem Erstaunen erholt haben, machen sie sich auf den Weg zum Kampfplatz.

Indessen hatte das Turnier begonnen und nahm einen glänzenden Verlauf. Es währte nicht lange, so wurde Guinglain die Palme des Sieges unbestritten zuerkannt. Hocherfreut schliesst Artus den jungen Helden in seine Arme.

Zu Sinaudon findet die Hochzeit des schönen Paares statt, wohin man sich von London begeben hatte. Guinglain wird der geliebte Fürst seines Volkes, sein Name lebt in jedem Munde.

Der Dichter hängt seinem Geleit. Werke noch ein kurzes Geleit an, worin er seinen Namen nennt und seine Geliebte um eine freundliche Erinnerung anfleht. Wenn sie ihm nur eine freundliche Miene zeigen würde, so wolle er sein Gedicht fortsetzen, da wo er aufgehört, und den Ritter in die Arme der verlassenen Fee zurückführen.

Bel Inconnu	34	35	36	37	38	39	40
Lyb. Disconu							
Carduino							
Wigalois	40						

'en.

:ll.

Bel Inconnu	34	35	36	37	38	39	40
Lyb. Disc.							40
Carduino							40

ι.

z.

Ge-

lieb
wei
der
Gle
zum
Gui
befi
neb
und
treu
halt
ihre
mac
zum

beg
zen
lang
Pal
erk

Analytische Tafel zu den Tabellen.

1		Auftreten des Helden.	16		Scene mit dem Seneschall.
	a	Erscheinen bei Hofe.		a	Sitte des Mannes.
	b	Frage nach seinem Namen.		b	Bewerfung mit Schmutz.
	c	Namengebung.		c	Besiegung des Seneschalles.
2		Die hülfebittende Jungfrau.	17		Folgen des Kampfes.
	a	Ankunft derselben.		a	Aufnahme in das Schloss.
	b	Uebernahme des Abenteuers.		b	Geleite.
	c	Protest der Bittenden.		c	Verhaltungsmassregeln.
3		Kampf an der Furt.	18		Haupt-Abenteuer.
4		Folgen dieses Kampfes.		a	Ankunft an dem Ort desselben.
	a	Genossen des Furtwächters.		b	Minstrels mit Fackeln.
	b	Ihr Racheplan.		c	Fluch des Ritters.
5		Riesen-Scene im Walde.	19		Kampf mit den Zauberern.
	a	Hülfegeschrei.		a	Erster Angriff.
	b	Warnung des Ritters.		b	Zweiter Angriff.
	c	Kampf mit den Riesen.	20		Schlangenkuss.
6		Wer ist die befreite Jungfrau?	21		Geheimnisvolle Stimme von oben.
7		Weitere Ereignisse.	22		Die entzauberte Jungfrau.
	a	Verzehrung des Bratens.	23		Bericht über die Verzauberung.
	b	Kampf mit dem Genossen des Furtwächters.		a	Zauberer.
				b	Heirat als Bedingung.
8		Geleite der befreiten Jungfrau.	24		Weitere Unterredung.
9		Hunde-Scene.		a	Liebesantrag.
	a	Verfolgung des Jagdwildes.		b	Verhalten des Ritters.
	b	Ergreifung des Hündchens.	25		Freude der Unterthanen.
	c	Ankunft des Besitzers.	26		Weihe der entzauberten Stadt.
10		Folgen dieser Ereignisse.	27		Deputation an den Ritter.
	a	Rückkehr des Besitzers.	28		Reiseplan der befreiten Königin.
	b	Kampf mit demselben.	29		Plan zur Fee zurückzukehren.
11		Sperber-Scene.	30		Ankunft bei ihr. Liebesschmerz.
	a	Weinende Jungfrau.	31		Erscheinung der Botin.
	b	Grund des eintretenden Kampfes.	32		Gebot der Fee.
	c	Kampf selbst.	33		Erste Zaubererscheinung.
12		Feenschloss.		a	Brausender Strom mit Brett.
	a	Besetzung desselben.		b	Sperberstange.
	b	Kampf mit dem Wächter.	34		Zweite Zauberei: einstürzende Gewölbe.
13		Folgen des Sieges.			
	a	Aufnahme in das Feenschloss.	35		Endliches Liebesglück.
	b	Liebesantrag der Fee.	36		Esmeree bei Hofe. Ihre Bitte.
14		Vorgänge auf dem Schlosse.	37		Plan des Turniers. Boten.
	a	Mahnung zur Weiterreise.	38		Boten auf dem Feenschloss. Trennung.
	b	Nächtliche Erscheinung der Fee.	39		Turnier. Bel Inconnu ist Sieger.
15		Flucht des Jünglings.	40		Hochzeitsfeier.

Abschnitt III.

Dichter und Abfassungszeit des Bel Inconnu.

Der roman biographique des Renaut de Beaujeu gehört ohne Zweifel zu den besseren Erzeugnissen der afrz. Romanlitteratur. Der im Anfang des Gedichtes ausgesprochene Gedanke der Entzauberung der schönen Esmeree bleibt die Grundidee der Dichtung bis zu dem Augenblick, wo Guinglain seine Aufgabe erfüllt hat und erst von da ab wird die Pflicht durch die Liebe abgelöst. Dieser eigentümliche Wechsel der treibenden Motive und der zwischen ihnen entstehende Kampf übt eine nicht geringe dramatische Wirkung aus. Guinglain ist eine durch und durch edle Erscheinung, die von ihrem ersten Auftreten bis zu ihrem Verschwinden nicht einen Augenblick das Interesse des Lesers verliert. Ein echter und wahrer Ritter der Tafelrunde, erfüllt von largesse, courtoisie und prouesse, den Cardinaltugenden des Königs Artus,[1] stürzt er sich in die grössten Gefahren, um der übernommenen Aufgabe gerecht zu werden. Die warme und lebenswahre Schilderung seiner Liebe, die feine und anscheinend auf Erfahrung beruhende Charakterisierung des weiblichen Herzens, die unverkennbare Komik und der wirkungsvolle Humor, mit denen die kritischen Situationen des verliebten Ritters gezeichnet werden, geben ein entschiedenes Zeugnis für die poetische Veranlagung des Dichters ab, beweisen aber gleichzeitig, dass Renaut, so sehr er auch stellenweise von seiner Darstellung hingerissen wurde, sich trotzdem eine selbständige Stellung gegenüber seinem Stoff zu wahren wusste. Aus dem ganzen Gedichte, besonders aber aus den eingestreuten Reflexionen des Dichters weht uns der Geist einer edlen Seele entgegen, der es um so bedauernswürdiger erscheinen lässt, dass uns nichts ausser einem kleinen, zarten Gedicht von nur 7 Zeilen neben dem Bel Inconnu vom Dichter erhalten blieb.[2]

---

1) cf. Altons Abhandlung.
2) Bartsch, Jahrbuch XI p. 161.

Die Entstehungszeit des Werkes lässt sich nur annähernd bestimmen. Es finden sich im Bel Inconnu ausser einer Menge von Kleinigkeiten mehrere wichtige Episoden, die eine bedoutende Aehnlichkeit mit solchen aus dem Erec verraten und zweifellos unter dem Einfluss desselben entstanden sind. Da nun der Erec nach den Untersuchungen Försters[1]) noch vor 1160 entstanden ist, so kann auch selbstverständlich der Bel. Inc. nicht vor dieser Zeit existiert haben. Dies kann um so weniger der Fall sein, als nach unserer Ansicht nicht Renaut jene Episoden entlehnte, sondern vielmehr der Verfasser seiner Vorlage. Haben wir somit den terminus a quo gefunden, so fehlt es auch nicht an einem terminus ad quem. Da der Roman Renauts von Wirnt von Gravenberg in seinem Wigalois stark benutzt ist, dieser selbst aber c. 1205 verfasst sein muss,[2]) so kann Renauts Werk nicht später als 1205 geschrieben sein. Der zwischen den gefundenen Grenzen liegende Zeitraum beträgt c. 45 Jahre, während deren sowohl die Vorlage als das Gedicht Renauts gedichtet wurden. Bei gleichmässiger Verteilung der Zeit kommen wir daher auf das Jahr 1190 als das der Entstehung unseres Romanes.

Abschnitt IV.

Elemente des Sagenstoffes in ihren Benutzungen und Entlehnungen.

Was den Sagenstoff selbst angeht, so will ich im folgenden alles zusammenstellen, was mir an Erwähnungen des Namens unseres Helden oder Entlehnungen irgend welcher Art bekannt geworden ist.

Der schöne Unbekannte hat unter diesem Namen eine ziemlich flüchtige Rolle im prov. und frz. Mittelalter gespielt.

---

1) Cligés edit. 1888. Einleitung.
2) Ueber den 1204 erfolgten Tod Herzog Bertholds IV. von Meran vergl. die Urkunden bei Oefele p. 28 No. 31.

Er wird in der prov. Litteratur nur zweimal erwähnt, einmal im Jaufré[1]) und das andre Mal im Flamenca-Roman.[2]) Sicherlich sind diese Erwähnungen auf den Einfluss unseres Gedichtes zurückzuführen.

Sehr wichtig ist das Erscheinen des Unbekannten in einer der Fortsetzungen des Perceval V. 20619—20752 und 24476—24595, wo auch die Liebesepisode Gaweins mit Gynmarte erzählt wird, deren Frucht Libeaus Desconeus war V. 11987—12139. Ganz eigentümlich ist es, dass diese selbe Episode von Gawein in einem Berichte vollkommen anders dargestellt wird als im voraufgehenden V. 16885 ff. Es ist im höchsten Grade wahrscheinlich, dass diese Stellen unter dem direkten Einfluss des Renautschen Werkes entstanden sind, also für seine Verbreitung ebenso wie die prov. ein günstiges Zeugnis abgeben. Der von Kirchrath p. 56 herangezogene Hevalach li Mesconneus hat keinen Zusammenhang mit Guinglain. Er ist Sarazenenfürst und figuriert als Greis in dem prosaischen Saint-Graal. II, 131. Die angeführten Erwähnungen sind die einzigen Stellen, an denen der Unbekannte auftritt.

Wir wenden uns nun zu den Entlehnungen im Bel Inconnu oder vielmehr in dessen Vorlage. Die bereits erwähnten aus dem Erec beziehen sich auf die Sperberscene und den Kampf Guinglains mit den Riesen. Diese haben ihre Vorbilder in dem Werke Crestiens, wo sie V. 540—987 und V. 4286—4557 berichtet werden. Dazu kommt noch eine 3. Episode, nämlich die des Kampfes mit den 3 wegelagernden Freunden des Blioblieris, welche ihre Entsprechung in dem Kampfe Erecs mit 3 Räubern findet V. 2815 ff. Wenn man will, so darf man auch in der langen Aufzählung der Artus-Ritter von Seiten Renauts eine Entlehnung aus dem Erec V. 1680 ff. und V. 1923 ff. erblicken, doch kann der Dichter diese Namentafel auch aus dem Schatz seiner eigenen Kenntnisse zusammengestellt haben. Ich verzichte darauf, noch weitere Entlehnungen aus dem Erec hier anzuführen.[3])

---

1) Lexique roman I, 49 a.
2) Birch-Hirschfeld: Epische Stoffe p. 52.   3) cf. Abschnitt XI.

Der Roman Renauts ist seinerseits nicht unerheblich ausgebeutet worden. So ist die bekannte Sperberscene von ihm in den Durmart le Galois übergegangen, und vielleicht hat auch Raoul de Houdenc dieselbe Episode für seinen Roman Meraugis aus keinem anderen Gedicht entlehnt. Das grosse Turnier, welches in den V. 6969—8738 im Durmart geschildert wird, soll nach der Ansicht Kirchraths gleichfalls auf Renauts Gedicht beruhen, was um so wahrscheinlicher ist, als eben dieser Roman ausser einigen unbedeutenderen Analogien noch eine weitere Episode mit unserem Epos gemeinsam hat, nämlich die, deren Mittelpunkt der Bracke bildet V. 1675 ff.

Diese Episode kehrt auch sonst in den Artus-Romanen, jedenfalls auf dem Bel Inc. als Quelle beruhend, wieder, so in der Fortsetzung Percevals von Gaucher de Dourdan (?) V. 22603 ff. und in dem Roman gleichen Namens. In dem ersten Falle raubt eine Jungfrau, in dem letzten eine hässliche Alte Perceval einen kleinen Bracken, den er kurz vorher erhalten hatte. Gaucher de Dourdan hat den Bel Inc. sicher recht gut gekannt, denn ausser der angeführten Scene entlehnt er auch noch die von dem Ritter, der in eine äusserst hässliche Dame sterblich verliebt ist. Sogar die Namen der fraglichen Damen sind identisch. V. 25380 ff. Im Bel Inc. heisst sie Rose espanie und bei Gaucher de Dourdan Rosete. In beiden Fällen findet ein Kampf statt. Ganz dieselbe Episode hat auch Robert de Boron (?) in seinen Perceval eingestreut, indem er die Dame Rosete la blonde betitelt und den verliebten Ritter Beaus Mauveis; auch hier fehlt es an einem Kampfe nicht. Es darf nicht unerwähnt bleiben, dass wir hier in derselben Dichtung auch noch eine Furt finden, welche von einem Ritter bewacht wird, der jeden Ankömmling zum Kampfe herausfordert. Er ist von seiner Geliebten dorthin gestellt und soll sie 7 Jahre lang bewachen, worin wir abermals eine Entlehnung aus unserem Roman erblicken dürfen. So wie dort Guinglain den Maugier besiegt, so besiegt hier Perceval den Urbain kurze Zeit vor Ablauf der Probezeit. Auch diese dritte Episode findet sich mit dem Namen gue amourous bei Gaucher de Dourdan in den V. 24207 ff. Meines Wissens ist bis jetzt auf diesen eigentümlichen 3 fachen Parallelismus zwischen Renaut, Robert und Gaucher noch nirgends hingewiesen worden. Er hätte von den Bearbeitern des Graal-Mythus nicht ganz unbeachtet bleiben sollen, zumal da ja in der mehrerwähnten Fortsetzung Crestiens der schöne Unbekannte auch sonst eine Rolle spielt. Hiermit dürften, wenn ich unbedeutende Momente wie die, dass auch in dem Prosaroman von Perceval li Galois eine Gaste cite erscheint, die sich später gleichfalls wieder bevölkert, und dergl. mehr übergehe, alle Punkte von Belang erschöpft sein, und ich wende mich nun zu dem interessantesten Sagenelemente, nämlich dem von der Verwandlung der Esmeree in eine Schlange.

Ohne auf den Ursprung oder das Alter solcher wunderbaren Verwandlungen einzugehen, möchte ich hier nur eine Anzahl analoger Erzählungen, die mir die interessantesten zu sein scheinen, mit kurzen Bemerkungen folgen lassen. Ich beschränke mich auf einige wenige und verweise für alles übrige auf die mir erst kürzlich zugänglich gewordene Balladensammlung von Child II, 307; IV, 502; VI, 504. ed. 1883 ff.

Ein Bericht, der jedenfalls auf unserem Sagenstoff basiert, findet sich bei Maundeville. cap. IV p. 23 ff. Er erzählt, dass auf der Insel Lango (Cos) die Tochter des Hippokrates sich befände, die durch Diana in eine drachenartige Schlange verwandelt sei. Nur der Kuss eines Ritters kann sie entzaubern. Es ist nicht lange her, dass ein rhodiser Ritter die Entzauberung unternahm, aber er wurde samt seinem Rosse vom Felsen in das Meer geschleudert, weil ihm zuletzt der Mut fehlte den Kuss zu wagen. Auch ein junger Schiffer fand bei demselben Beginnen seinen Tod. Hätte er den Kuss gegeben, so würde er die Jungfrau mitsamt den Inseln bekommen haben.

Die Erzählung Maundevilles findet sich wieder in dem katalanischen Romane Tirant lo Blanch vol. 4. cap. 395—98, wo die Entzauberung der Tochter des Hippokrates aber wirklich durch einen gewissen Espertius ausgeführt wird. Er sinkt bei dem entsetzlichen Anblick des Drachens in Ohnmacht und wird währenddessen von ihm geküsst, worauf die Entzauberung erfolgt.

Der Bericht über die Verwandlung der Tochter des Hippokrates in eine Schlange findet sich auch im Evagatorium des frater Faber. III p. 267—68.

Aehnliches lesen wir im Orlando innamorato. Buch II Canto 25 st. 25—38 und Canto 26 st. 4—16. Brandimarte befreit eine Fee namens Febosilla, die als Schlange in einem Grabe ruhte, dadurch aus ihrem Zustand, dass er sie küsst, worauf sie sich sogleich in eine herrliche Maid verwandelt.

Wenn die Entzauberung hier durch einen Kuss von statten ging, so giebt es auch sonst gleiche Darstellungen, wo deren 3 nötig sind. So in der engl. schottischen Kempion Ballade. Child ed. 1877 I, 137. Der Prinz Kempion küsst hier eine Schlange, die auf den Estmere-Klippen hauste, und zwar dreimal in längeren Zwischenräumen. Nach jedem Kuss wiederholt die Schlange ihre Bitte sie zu befreien, was denn auch geschieht.

Gleichen Inhalt mit der voraufgehenden hat die Ballade „The laidly worm of Spindleston-heugh". Child I p. 281. ed. 1877. Die Entzauberung wird hier durch den Bruder der Verzauberten ausgeführt und die böse Stiefmutter, welche das Unglück verursacht, in eine hässliche Kröte verwandelt.

Stumpf erzählt in seiner Schweizer Chronik zum Jahre 1520 das Folgende.[1]) Ein Schweizer Leonhard drang in eine lange, gewundene Höhle bei Basel ein und erblickte hier eine wunderschöne Jungfrau, deren Gestalt in einen Drachenschweif endigte. Sie konnte nur durch den dreimaligen Kuss eines Sterblichen entzaubert werden. Leonhard unterzog sich zweimal dieser Aufgabe; den dritten Kuss konnte er der Jungfrau aber nicht mehr geben, weil er inzwischen seine Keuschheit verloren hatte, und nur ein reiner Jüngling die Entzauberung vollziehen durfte.

Hieran schliesst sich die Sage von der Melusine im Stollenwald.[2]) Die verzauberte Jungfrau verlangt 3mal 3fach auf Mund und beide Wangen geküsst zu werden und zwar an 3 hintereinanderfolgenden Morgen um 9 Uhr. An zwei Tagen wird sie geküsst, aber am dritten erschien sie in einer so furchtbaren Gestalt, dass ihr beanspruchter Befreier die Flucht ergriff.

Ganz ähnlich lautet die Sage von der verzauberten Jungfrau im Thurmberg bei Durlach.[3])

Es mag mit der Anführung dieser Beispiele genügen. Alle Völker, die einen, wenn auch nur mässig grossen Sagen-

---

1) Dobeneck I, Cap. I.   2) Mones Anz. 1834. Sp. 88.
3) a. a. O. Jahrg. 1838. Sp. 475.

schatz besitzen, sind in der Lage einen weiteren Beleg für die ungemeine Verbreitung der in Gruppe 20 unseres Gedichtes vorliegenden Sagenelemente zu liefern. **Die Bedeutung des Bel Inconnu liegt aber darin, dass in ihm die älteste schriftliche Darstellung des später so beliebten und verbreiteten Sagenmotives vorliegt.** Dieser Umstand wird unserer Dichtung für alle Zeiten eine ehrende Stellung in der Litteratur sichern.

Durch die Liebenswürdigkeit R. Köhlers[1]) bin ich in der Lage noch einige weitere Analogien zu unserm Sagenmotive mitteilen zu können.

1. Traditions et légendes de la Suisse Romane. Lausanne und Paris 1872; 105.
2. Menghin: Aus dem deutschen Südtirol. Meran 1884; 8.
3. Pfister: Sagen und Aberglaube aus Hessen und Nassau. Marburg 1885; 74.
4. Desaivre: Le Mythe de la Mère Lusine. Saint Maixent 1883; 117.
5. Lenggenhager: Volkssagen aus dem Kanton Baselland. Basel 1874; 91.
6. Walliser Sagen ges. u. ed. von Sagenfreunden. Sitten 1872; 129, 150.
7. Witzschel: Sagen, Sitten u. Gebräuche aus Thüringen. Wien 1878; Teil II, 71. Dasselbe wie bei Wucke: Sagen der mittleren Werra. Salzungen 1864; I, 1.

Die von Child (a. a. O.) und von mir angeführte Litteratur ist die vollständigste, die über diesen Gegenstand existiert.

Abschnitt V.

Tasso und Beaujeu.

Es ist von Hippeau in seiner Ausgabe p. XXI des Bel Inconnu zuerst behauptet und dann von Mebes p. 13 Absatz I kritiklos wiederholt worden, dass Tasso den Bel Inconnu in

---

1) Ich kann es mir nicht versagen, auch an dieser Stelle dem uneigennützigen Gelehrten für die Freundlichkeit zu danken, mit der er mir sowohl seine Kenntnisse als auch die Schätze seiner Bibliothek zur Verfügung stellte.

seiner Gerusalemme liberata benutzt habe; und zwar soll der Italiener bezüglich der Liebesepisode zwischen Rinaldo und Armida sich den frz. Dichter zum Vorbild genommen haben.

Da ich späterhin unabhängig von dieser Abhandlung über das gesamte Quellenmaterial Tassos eine eingehende Untersuchung zu veröffentlichen gedenke, so kann ich mich an dieser Stelle kurz fassen.

Die Quelle Tassos hinsichtlich dieser Episode ist nämlich überhaupt nicht in einem Werke der frz., sondern der spanischen Litteratur zu suchen. Sie ist keine andere als der Roman Florisel de Niquea, der das 10. Buch des bekannten Amadis von Gallien bildet.[1]) Die fragliche Scene wird dort Teil I Cap. 22 und Teil II Cap. 38—40 erzählt. Ich entnehme diese Notiz einer Rezension von Dunlops „History of Fiction" seitens des bekannten Litterarhistorikers V. Schmidt.[2]) Hier äussert sich der genannte Gelehrte wie folgt:

„Sehr wichtig ist die in ihren eigenen Zaubernetzen gefangene Armida, der grausame Hohn gegen die sie liebenden Ritter, hervorgegangen aus Stolz und Eigenliebe, und die gerechte Strafe, welche sie empfängt, indem sie den Amadis von Griechenland liebt und von ihm verachtet und verlassen wird. Hieraus hat T. Tasso Charakter, Namen und Sachen. Namentlich ist das Verhältnis Rinaldos zu Tassos Armida Nachahmung des ähnlichen von Amadis zu unserer Armida."

In Ansehung dieser Thatsachen dürfte weder Hippeaus noch Mebes Ansicht irgend welche Berechtigung haben.

II. Capitel.
Abschnitt VI.
Analyse des Lybeaus Disconus.

Geynlein, von dessen Geburt erzählt wird: „Beyete he was of syr Gaweyn Be a forest syde," ist ein sehr schöner Knabe. Er	Parzival Elemente. V.8—9	wird von seiner Mutter auf das sorgfältigste bewacht, damit er nicht einen bewaffneten Ritter zu sehen bekommt. Eines Tages geht er in den Wald, um zu jagen,

---

1) cf. Dunlop unter diesem Artikel.
2) vergl. Wiener Jahrb. 1826. p. 55.

und findet dort einen erschlagenen Ritter in voller Rüstung. [Nach P.¹) besiegt Geynlein den Ritter selbst.]

Sogleich legt er dessen Waffen an und reitet schnurstracks nach Glastyngbery, an den Hof des Königs Artus. Der Jüngling bittet den Fürsten ihn zum Ritter zu machen und erwidert ihm auf seine Frage wie er heisse, seine Mutter habe ihn stets nur „Beau Fyz" genannt. Darauf befiehlt Artus den Jüngling von nun ab „Lybeaus Disconus" zu nennen und übergiebt ihn der Pflege und Obhut Gaweins. Der junge Ritter bittet den König ihn das erste Abenteuer, welches sich darbieten würde, auszufechten zu lassen, was ihm nach einigen Bedenken auch gewährt wird.

Kaum hat man sich zur Tafel gesetzt, als eine Jungfrau namens Elene in Begleitung eines Zwerges vor dem Könige erscheint, niederkniet und ihn anfleht einen tapferen Ritter zur Befreiung ihrer Gebieterin, der Herrin von Synadowne mit ihr zu senden. Sogleich erklärt sich Geynlein bereit die Jungfrau zu begleiten, wird aber von dieser und dem Zwerge Teaudelayn energisch zurückgewiesen, bis das Machtwort des Königs jeden Widerspruch endet. Der kühne Ritter lässt sich alsbald waffnen und reitet mit seinen Begleitern von dannen.

Am dritten Tage kommen die Reisenden zu einer Brücke, welche von einem gewissen Willeam Celebronche bewacht wird. Jeder der dieselbe passieren will, muss mit ihm kämpfen. Der Ritter besiegt nach heftigem Kampfe seinen Gegner und schickt ihn zu dem Hof des Königs Artus.

Auf dem Wege dorthin begegnet er den 3 Söhnen seiner Schwester, die sich bei seinem Anblick mitleidig nach der Ursache der Wunden erkundigen. Nachdem sie den Hergang erfahren, beschliessen sie sogleich ihren Oheim zu rächen und dem Jüngling nachzueilen.

Dieser setzt indessen nichts ahnend in Begleitung der Jungfrau, die die mutige That des Jünglings mit ihrer Liebe belohnt, den Weg nach Synadowne fort. Plötzlich sieht er sich von drei Rittern angegriffen. Den ältesten namens Gower schleudert er schwerverwundet vom Ross, und auch die beiden anderen Brüder erliegen seinem Heldenschwert. Er schenkt ihnen zwar das Leben, sendet sie aber als seine Gefangenen alle drei zum König Artus.

Darnach setzen sie heiter ihren Weg fort und kommen am Abend des dritten Tages in einen Wald, wo sie die Nacht in einer Laubhütte verbringen. Am Morgen weckt der Zwerg den Ritter mit änglichem Rufen, denn er bemerkt in der Nähe ein grosses Feuer. Lybeaus steigt auf sein Ross und findet zwei scheussliche Riesen an dem Feuer kauern, von denen der eine, pechschwarz, eine laut klagende Jungfrau in seinen Armen hält, während der andere, von roter Farbe, einen

---

1) P. = Percy Ms. Additional 27879 (Brit. Mus.) gedruckt von Hales und Furnivell II, 404 ffg.

Eber im Feuer röstet. Dem schwarzen Riesen stösst Geynlein c seine Lanze durch die Brust, worauf das Mädchen entflieht, während ihr Beschützer von dem roten mit dessen Eber angegriffen wird. Nachdem er dem Riesen den rechten Arm abgehauen, macht er ihn vollends unschädlich und bringt die Köpfe der Feinde zu der geretteten Jungfrau.

Diese giebt sich dem Ritter 6 als Violette, Tochter des Lord Autore (C[1]) zu erkennen.

Sie machen sich sogleich 8 nach dem Schlosse des Lords auf den Weg und senden von dort aus die erbeuteten Riesenköpfe zum König Artus. Der dankbare Vater beschenkt den Retter seiner Tochter reichlich (und bietet ihm die Hand derselben an, was der Jüngling aber in Anbetracht der seiner noch harrenden Pflichten ablehnt. C.)

Bei der Fortsetzung seiner 11 Reise bemerkt Lybeaus ein schönes Schloss vor sich und erfährt von Elen, dass der Besitzer desselben, Gyfroun, dem einen weissen Fal- b ken schenken will, der eine schönere Geliebte besitzt als er. Stellt sich aber heraus, dass die Dame Gyfrouns schöner ist, so muss der Ritter der minder Schönen mit ihm fechten und verliert, wenn er besiegt wird, sein Haupt. Lybeaus ist sofort entschlossen Elen als die schönere Jungfrau auszugeben. Nach einem angestellten Vergleich ergiebt sich aber, dass der Ritter Unrecht hat und so beginnt denn der Kampf. Nach hartem Streite c schleudert Geynlein seinen Gegner Gyfroun dermassen aus dem Sattel, dass er mit gebrochenem Rückgrat auf seinem Schilde fortgetragen wird. Lybeaus ist nun der glückliche Besitzer des schönen, weissen Falken, den er durch Gludas zum König Artus sendet. Um den Degen zu ehren, schickt ihm der König als Gegengeschenk 100 florins, die Lybeaus zur Veranstaltung eines glänzenden vierzigtägigen Festes verwendet. Darnach nimmt man Abschied.

Noch sind sie nicht lange 9 geritten, als sie den Schall eines Jagdhorns vernehmen, das von Sir Otes de Lyle, einem ehemaligen Edlen am Hofe von Synadowne, geblasen wird. Während sie darüber reden, läuft ein reizendes Hündchen über den Weg, das Lybeaus ergreift und seiner er- b freuten Begleiterin reicht. Plötzlich erscheint eine von Hunden verfolgte Hindin, der ein Jäger a nachsetzt. Als dieser aber das gefangene Hündchen erblickt, hält er an und verlangt dasselbe c als sein Eigentum zurück.

Nach heftigem Wortwechsel 10 reitet der Jäger nach seiner Burg zurück, ruft dort seine Freunde a zusammen und verfolgt mit ihnen den Ritter. Von allen Seiten mit Geschossen angegriffen, reitet b Lybeaus jeden nieder, den er erreichen kann, bis er von zwölf Rittern zum stehen gebracht wird. Drei von ihnen tötet er, worauf vier fliehen und nur der Lord mit seinen vier Söhnen noch stand hält. Aus zahlreichen Wunden blutend und durch einen schweren

---

1) C = Cotton Ms. Caligula A II ed. v. Ritson.

Schlag auf das Haupt getroffen, fällt Lybeaus vornüber auf seinen Sattelbogen. Indem er seine letzten Kräfte zusammenrafft, erschlägt der Ritter drei Pferde seiner Gegner, worauf der Lord flieht, aber eingeholt sich ergeben muss und zu Artus geschickt wird.

Nachdem der Jüngling in einem Zeitraum von 6 Wochen (N.¹) u. P.) von seinen Wunden geheilt ist, setzt er seinen Weg nach Synadowne fort und gelangt zu einer grossen Stadt mit Namen Ile d'or. Die Herrin dieser Stadt wird von einem furchtbaren Riesen namens Maugeys bewacht, der die Brücke zu dem Palast besetzt a hält. Lybeaus beschliesst gegen die Mahnung der Jungfrau den Kampf mit dem Riesen aufzunehmen. Der sich entspinnende Streit währt bis zum Abend. Da b bittet Geynlein den Riesen um die Erlaubnis trinken zu dürfen. Der Unhold gewährt die Bitte, versetzt aber dem zu dem Wasser Herabgebeugten von hinten einen Schlag, der ihn in den Fluss stürzt. Von grimmer Wut gepackt und durch den Trunk gestärkt, schlägt Lybeaus seinem Gegner zuerst den Arm dann das Haupt ab.

Grosse Freude herrscht über den Fall des Riesen in der Stadt. a Man bringt den Jüngling feierlich auf das Schloss der Gebieterin mit Namen Dame d'amore (Amoroure P.). Diese, eine schöne Zauberin, empfängt ihren Erretter auf das liebevollste und bietet ihm Herz und Hand an. b

Wie im Traumesflug vergehn dem in Zauber befangenen Jüngling zwölf Monate und mehr (P. C.) auf dem Schlosse, bis ihn eines Tages Elen ernstlich an sein Ritterwort und das Schicksal der unglücklichen Herrin von Synadowne a gemahnt.

Beschämt und im Bewusstsein seiner Pflicht bricht Geynlein gleich in der folgenden Nacht heimlich auf, indem er Sir Gyfflet, den Haushofmeister, als seinen Knappen mit sich führt.

Bald sieht er ein stattliches Schloss und die Stadt Synadowne vor sich liegen. Dieses Schloss ist von Lambert, dem stewart des Landes (Riesen N) bewohnt, der jeden bei ihm Herberge nach- a suchenden Ritter zum Zweikampf herausfordert. Besiegt der Ankömmling den stewart, so wird er von ihm geehrt, unterliegt er aber, so wird er von den versammelten Einwohnern mit Schmutz und Unrat b beworfen. Trotz dieser Aussicht lässt sich Lybeaus nicht abschrecken Lambert um Herberge zu bitten, worauf sich denn auch alsbald der übliche Kampf entspinnt. Erst nachdem verschiedene Lanzen zersplittert sind, gelingt es dem Ritter seinen Gegner aus dem Sattel zu heben, worauf dieser c auf jeden weiteren Kampf verzichtet.

Er führt den Gast aufs Schloss und ist sehr erfreut zu vernehmen, dass der kühne Degen ein Ritter der Tafelrunde ist und für seine Herrin fechten will.

---

1) N = Neapler Ms. kollationiert von Kölbing Engl. St. I, 121 ff.

Bei Tisch erfährt nun Lybeaus 23
endlich welcher Art das Abenteuer ist, was er bestehen soll.
Zwei Zauberer, Maboun und
Irayn treiben ihr Wesen in der
Stadt. Sie haben die Herrin in a
einem Palast gefangen und quälen
sie mit ihrer Schwarzkunst, so
dass man oft ihre Klagen hört.
Nur dadurch dass sie sich in den
Willen Mabouns fügt und ihn zum
Herrn des Herzogtums macht, b
soll sie aus ihrer Qual erlöst
werden. Lybeaus verspricht zuversichtlich die Herrin von Synadowne zu befreien.

Am nächsten Morgen macht 17 b
er sich nach dem Zauberpalast
auf den Weg, bis zu dessen Thür
man ihn geleitet.

Er tritt in den Saal ein und 18 a
bemerkt eine Menge von Minstrels,
welche die verschiedensten Instrumente ertönen lassen, und von
denen jeder eine Fackel vor sich b
hat. Der Ritter nähert sich der
Hochtafel, als plötzlich die Minstrels verstummen, und ihre
Fackeln verlöschen. Der ganze
Palast beginnt in seinen Fundamenten zu erzittern, und die Steine
fallen aus den Wänden auf den
kühnen Eindringling.

In dieser verzweifelten Lage 19
lässt sich Hufschlag vernehmen,
und es nahen zwei geharnischte
Ritter; es sind die Zauberer Maboun und Irayn. Gleich bei dem
ersten Angriff bringt Lybeaus
seinen Gegner Maboun zu Falle.
Er würde ihn erschlagen haben,
wenn Irayn nicht zu Hülfe herbeigeeilt wäre. Beide Gegner
greifen nun gemeinschaftlich den
Ritter an und kämpfen so lange
mit ihm, bis Irayns Ross getötet
wird. Bald verliert Maboun einen
Arm und will sich ergeben. Lybeaus aber verweigert jede Gnade
und nimmt dem Zauberer das
Leben. Irayn ist indessen spurlos verschwunden.

Aufmerksam suchend kehrt 20
er in die Halle zurück, wo ihm
ganz unerwartet ein Drache naht.
Der Kopf des Tieres gleicht dem
eines schönen, jungen Weibes,
Leib und Schwingen schimmern
in allen Farben. Ehe sich der
Jüngling dessen versieht, hat ihn
der Drache geküsst.

Plötzlich tritt eine wunder- 22
bare Verwandlung ein: aus dem
hässlichen Tier wird eine reizende
Jungfrau.

Zitternd dankt sie dem Ritter 24
für ihre Erlösung und schenkt
ihm 15 Burgen, auch will sie sein
Weib werden, wenn es Artus a
Wille ist (C) Lybeaus ist darüber
sehr erfreut. Er kehrt (nachdem b
zuvor der in einer Kammer entdeckte Iryan getötet ist N) nach
der Stadt zurück, um der Jungfrau Gewänder zu senden.

Bald hat sich die Kunde von 25
der Befreiung der Königin in
Synadowne verbreitet. Das erfreute Volk und die Barone strömen herbei und führen ihre Herrscherin in feierlichem Zuge in
ihre Stadt zurück.

Sieben Tage lang bleibt man 40
in Synadowne, worauf sich der
Degen mit der Königin und vielen
Rittern an den Hof des Königs
Artus begiebt. (Hiermit endet P)
Der edle Fürst giebt dem Jüngling die erlöste Jungfrau zum
Weibe und veranstaltet ein grosses
Freudenfest. (Um die Freude voll
zu machen, erscheint auf einmal

die Mutter des Ritters. Sie führt den Sohn seinem Vater zu, indem sie sich beiden zu erkennen giebt. Die beglückten Eltern schliessen den Wiedergefundenen liebevoll in ihre Arme und der Vater befiehlt ihn von nun ab Gyngelain zu nennen. (Nur in N und im Ashmole Ms. 61., von welchem der Schluss bei Hales u. Furnivall mitgeteilt ist.) Vierzig Tage lang währt das Hochzeitsfest, nach dessen Beendigung Artus den neuen König in sein Land geleitet. Hier lebte er mit seinem Weibe noch lange Jahre in Glück und Freude.

Abschnitt VII.
Verhältnis des Lybeaus Disconus zum Bel Inconnu.

Ein Vergleich der frz. und engl. Version unseres Sagenstoffes zeigt uns ein enges Abhängigkeitsverhältnis beider Dichtungen. (Tabelle I u. II Columne 1 u. 2). Der Gedanke einer direkten Entlehnung der Romanze aus dem afrz. Romane wird aber einerseits durch die Beschaffenheit des Stoffes, andererseits durch gewisse Aenderungen in der Reihenfolge desselben und zu guterletzt durch seine Quantität von vornherein zweifelhaft gemacht. Die Ansicht, welche das Bänkelsängerlied für einen Auszug aus Renaut hält, ist, soweit ich den Stoff übersehen kann, nur von Bethge vertreten worden, freilich ohne Angabe eines Grundes, während Kölbing,[1]) Stengel[2]) und G. Paris anderer Meinung sind.

Bei einem Vergleiche beider Dichtungen scheinen mir folgende Gesichtspunkte massgebend zu sein. Es ist prinzipiell notwendig die primitivere und einfachere Form der Darstellung eines Sagenstoffes nicht aus einer komplizierten und künstlichen abzuleiten, sondern sie vielmehr auf eine womöglich noch einfachere zurückzuführen. Es soll hiermit nicht etwa gesagt sein, dass es einem Dichter nicht möglich wäre, instinktiv den Weg zu einer einfachen und natürlichen Darstellungsform zurückzufinden. Wollten wir dergleichen Möglichkeiten aber eine prinzipielle Bedeutung beimessen, wohin sollte dieses bei litterar-historischen Untersuchungen führen?

---

1) Engl. Studien I p. 121. ff.
2) Gröbers Zsch. I p. 486.

Finden wir ferner, dass ein Dichter, der sonst nicht gerade an Geschmacklosigkeit leidet, poetisch wirksame Momente gegenüber einer anderen Bearbeitung nicht bietet, so dürfte dieses eher für die Existenz einer gemeinsamen Quelle sprechen, der die fraglichen Momente abgingen, als dafür, dass ein Dichter dieselben vorfand, aber vernachlässigte.

Nach Aufstellung dieser Gesichtspunkte wenden wir uns zur Vergleichung selbst.

Die Einleitung der engl. Romanze enthält in knapper Darstellung die Geschichte des bekannten Dümmlingsmärchen aus dem Parzival. Die französische Version entbehrt einer solchen vollkommen; sie konnte es also nicht sein, welche dem Romancier den Gedanken eingab, den fremden Sagenkreis in seine Bearbeitung hineinzuziehen. Nun enthält aber auch der Carduino[1]) eine recht ausführliche Beschreibung der Jugend Parzivals, woraus sich der sichere Schluss ziehen lässt, dass die Quellen[2]), aus welchen beide Dichter schöpften, eine mehr oder minder starke Beziehung zur Parzival-Sage aufwiesen, die jene dann nach ihrem Geschmack verwerteten, und dass somit die Dichtung Renauts nicht als eine dieser Quellen in Anspruch genommen werden darf.

In dem engl. Gedicht schliesst sich der Kampf mit den Neffen Celebronches, wie es auch ganz natürlich ist, uumittelbar an den Kampf mit dem Wegelagerer selbst an, während bei Renaut zwischen diese innerlich durchaus zusammengehörigen Darstellungen die Scene mit den beiden Riesen eingeschoben ist. Ich glaube, dass auch in diesem Falle die Romanze der ursprünglichen Form näher steht als das französische Epos.

Besonderes Gewicht möchte ich wiederum auf eine Analogie der englischen und italienischen Version legen (Gruppe 5, c). In beiden Gedichten wird nämlich berichtet, dass der eine der beiden Riesen den gerösteten Braten als Verteidigungswaffe benutzt. Die Stellen lauten V. 616:

"The rede geaunt thore,
Smot to Lybeaus with the bore,
As man that wold awede."

---

1) cf. Abschnitt IX.   2) cf. die Filiations-Tafel.

Und im Carduino II, 33:

> E con quello arosto ch'egli avea
> In piè si fu levato inmantanente,
> E levollo alto quanto più potea
> Per fedir Carduin ch'era presente."

Diese Analogien, zusammengenommen mit der gemeinschaftlichen Darstellung des Dümmlingmärchens, sind zwei objektive Beweise von nicht zu unterschätzender Bedeutung. Sie zeigen uns, dass Renauts Quelle z resp. u die fraglichen Gedanken enthalten haben muss.

Eine sehr starke Differenz ist in den Gruppen 6 und 8 zu verzeichnen. Das engl. Gedicht berichtet hier in ausführlicher Weise von den Danksagungen des Vaters der befreiten Jungfrau. Da weder das französische noch das italienische Gedicht das mindeste hiervon zu sagen weiss, so scheint diese Scene eine Erfindung des englischen Romanciers zu sein. Diese Darstellung ist aber in sofern interessant, als sie uns zeigt, dass es dem Bänkelsänger durchaus nicht darauf ankam überall seine Quelle lediglich zu verkürzen.

Ob die Anordnung der Gruppen 9, 10, 11 in der englischen Romanze oder ob diejenige im französischen Epos die ursprünglichere ist, will ich nicht entscheiden; sicher aber ist die Darstellung in 11 bei dem Franzosen von seiner Quelle u verschieden. Die Vorlage Renauts ist bekanntlich durch den Erec für diese fragliche Scene, wie oben bereits festgestellt wurde, beeinflusst. Nun ist es sehr interessant zu sehen, dass der Erec und Lyb. Disconus dieselbe Darstellung gemeinschaftlich bieten und mit dem Bel Inconnu in denselben Punkten differieren. Damit ist aber auf das klarste bewiesen, dass die Romanze nicht den Bel Inconnu sondern dessen Vorlage u zu seiner Quelle hatte, welche natürlich mit Erec übereinstimmen musste, da sie ja direkt aus diesem herfloss.[1]) Auch dieses ist als ein objektiver Beweis anzusehn.

Die Art der Darstellung der 12ten Gruppe ist in dem Bänkelsängerlied eine entschieden ursprünglichere und ältere dem französischen Epos gegenüber. Statt des verliebten

---

1) cf. Abschnitt XI.

Ritters erscheint ein ungeschlachter Riese, statt des 7jährigen Minnedienstes finden wir nichts als eine rohe Besetzung der Palastbrücke durch den blutgierigen Unhold. Obgleich der Card. nichts Analoges bietet, so ist doch die Entscheidung über die Frage, welcher von beiden Berichten der primitivere d. h. der der älteren Quelle näher stehende ist, nicht schwer.

Ebenso liegen die Verhältnisse bei allen Gruppen, welche sich auf die Person der Fee as blances mains beziehen. Von den 12 Abteilungen, welche in dem Epos diesem Gegenstande gewidmet sind, finden wir in der Romanze nicht mehr als zwei. Der Raum, welchen der englische Dichter dem ersten und für ihn einzigen Aufenthalt seines Helden bei der Fee giebt, ist nicht der ursprüngliche seiner Vorlage gewesen, wie uns ein Vergleich der italienischen Version hinsichtlich der Gruppen 32 und 33 lehren kann. Vielmehr hat der Romancier gekürzt. Der Umstand, dass Renaut die Liebesscenen auf dem Feenschloss so ausserordentlich weit ausspann, ist aus der Tendenz des Romans vollkommen erklärbar. Es kam dem Dichter vor allem darauf an, seiner Geliebten das Bild einer alle Rücksichten bei Seite setzenden Liebesleidenschaft vor Augen zu führen, und so lässt er denn seinen Helden, ohne sich weiter um die ihm rechtmässig zuteil gewordene Jungfrau zu kümmern, in die Arme der eigentlichen, frei gewählten Geliebten zurückkehren. Die Freundin Renauts sollte hierin einen Fingerzeig für ihr eigenes, von ihm erhofftes Verhalten erblicken. Der englische Bänkelsänger kann den Roman des Bel Inconnu nicht gekannt haben, da er sonst den 12 Gruppen desselben, welche sich um die Fee konzentrieren, einen hervorragenderen Platz hätte einräumen müssen. Nehmen wir aber an, dass die Quelle u der Romanze diesen Vorgängen einen ähnlichen Raum gewährte wie der Carduino, so ist das Verhalten des Romanciers erklärlich. Diese letztere Annahme wird noch besonders dadurch gestützt, dass der Charakter der Fee sowohl im englischen wie im italienischen Gedicht durchaus derselbe ist. In beiden Fällen handelt es sich nicht etwa um das liebende Weib Renauts, sondern vielmehr — letzteres besonders bei Carduino — um eine der

Sinnlichkeit ergebene Zauberin, der jeder beliebige Ritter für ihre Zwecke gleich angenehm erscheint.

Ein weiterer Beweis für die hier vorgetragene Ansicht liegt in der Person des Knappen Robert. Diese, eine der sympathischsten Erscheinungen des französischen Romans, tritt durch die ganze Dichtung hindurch von V. 266—5692 auf. In der englischen Romanze lässt der Dichter seinen Helden den steward der Zauberin, syr Gyfflet, zu seinem Diener machen, (V. 1456) und erwähnt denselben, ohne ihn aber jemals Knappendienste verrichten zu lassen, dann nur noch ein einziges Mal V. 1748. Man sieht, der Romancier hatte in der That die Absicht in seinem Gedichte einen Knappen figurieren zu lassen. Hätte er nun die frz. Darstellung gekannt, warum führte er dann diese Person, deren poetischen Gehalt er fühlen musste, erst weit nach der Mitte seines Liedes und dann noch so flüchtig vor, dass man über sie hinwegliest? Das wahrscheinlichste ist, dass die gemeinsame Quelle u der frz. und engl. Version eine Andeutung dieses Knappen enthielt, die der Bänkelsänger vielleicht noch mehr abschwächte, der Epiker aber poetisch-plastisch ausbaute.

Es erübrigt nun noch ein Wort über die Gruppen 22, 23 und 24 hinzuzufügen. Die Stelle, an welcher sich die mittlere dieser 3 Gruppen im Bel Inconnu befindet, war sicher nicht die ursprüngliche, wie ein Vergleich mit dem Carduino lehrt, der die natürlichste Reihenfolge innehält. Es ist anzunehmen, dass der Dichter der gemeinsamen Quelle u der engl. und franz. Version diese Gruppe an die Stelle versetzte, an welcher wir dieselbe noch heute in der Romanze finden. Die Darstellung Renauts kann keinen Anspruch auf Ursprünglichkeit erheben.

Ein sicheres Urteil lässt sich über die Gruppe 22 und 24 abgeben. Die Schilderung wie sie Renaut bietet, der erst eine längere Zeit zwischen dem Kuss und der dadurch bewirkten Entzauberung der Jungfrau vergehen lässt, widerspricht sowohl dem engl. wie dem ital. Gedicht, wo die Entzauberung ganz natürlich sogleich nach dem Kuss vor sich geht. Diese Auffassung muss also die der Quelle gewesen sein und somit steht die Romanze derselben wiederum näher als das frz. Epos.

Durch die Reihe von Beweisgründen, welche wir im Verlauf dieses Abschnittes kennen gelernt haben, glaube ich zu dem Schluss berechtigt zu sein, dass nicht das frz. Epos des Renaut de Beaujeu, wohl aber dessen Vorlage als Quelle der englischen Romanze betrachtet werden muss. Nur durch diese Annahme sind einesteils die Differenzen zwischen der frz. und engl. Version, anderteils aber auch die augenfälligen Uebereinstimmungen der letzteren mit der italienischen erklärlich. Die Vorlage u enthielt unter anderem folgende Namen: Guinglain, Libeaus Desconeu, Elie, Tidogolain, Sinaudon, Salebrant, Ile d'or, Maugier, Lampar, Maboun, Eurain und Giflet li fils Do. (korrumpiert zu Gyfflet li fludous im Englischen). Es kann keinem Zweifel unterliegen, dass wir in dieser Quelle ein französisches Gedicht zu erblicken haben, von dem noch später an anderer Stelle die Rede sein wird. (Abschnitt XI.)

Abschnitt VIII.

Entstehungszeit und Verfasserfrage des Lybeaus Disconus.

Bei der Datierung des engl. Spielmannsliedes kommen zwei Punkte in Betracht, die uns eine annähernde Zeitbestimmung ermöglichen. In der Romanze geschieht nämlich einer Münzsorte Erwähnung, deren Einführung in England bekannt ist. Ich meine den florin. Er wurde zuerst 1337 in England geprägt.[1]) Mithin kann das Gedicht nicht vor diesem Jahre geschrieben sein. Die angezogene Stelle lautet:

„And hundred pound honest   V. 988.
Of floryns with the best . . . ."

Wenn wir auf diese Weise einen terminus a quo gewonnen haben, so fehlt es auch nicht an einem terminus ad

---

1) Skeat. Etymological Dict.

quem. Letzterer ist in einer Erwähnung der engl. Romanze in den Canterbury Tales zu finden. Im Sir Thopas wird eine Reihe von Romanzenhelden aufgezählt, und unter diesen befindet sich auch Sir Lybeaus. V. 13828. Die Cant. Tales sind der Hauptsache nach im letzten Jahrzehnt des 14. Jhd. entstanden.[1]) Da es sich bei dieser Aufzählung aber um die bekanntesten und beliebtesten Romanzen handelt, so dürfen wir annehmen, dass der Lyb. Disc. eine Reihe von Jahren vor den Cant. Tales geschrieben ist. Es liegt daher die Annahme nahe, dass unsere Romanze nicht vor dem Jahre 1375 entstanden sein kann. Folglich werden wir die Entstehungszeit des Gedichtes zwischen die Jahre 1337—75 zu setzen haben. Eine genauere Bestimmung ist nicht möglich.

Ueber die Person des Dichters ist nichts bekannt; nur Sarrazin[2]) hat den Versuch gemacht einen Verf. ausfindig zu machen. Er hält nämlich Thomas Chester, den bekannten Dichter der einen engl. Bearbeitung des Lai de Lanval, sowohl für den Verf. des Lyb. Disc. als auch für den der südlichen Bearbeitung des Octavian und geht sogar soweit in der letzteren Romanze eine Jugendarbeit Chesters zu erblicken, während der Lyb. Disc. ein reiferes Werk desselben Spielmanns sein soll.

Der sicher von dem genannten Dichter herrührende Lanval wird von Warton.[3]) Ritson[4]) und W. Hertz[5]) in die Zeit Heinrich VI. gesetzt (1422—61), während Sarrazin seinen Octavian kurz nach 1350 angesetzt. Damit wäre also nichts anderes behauptet, als dass zwischen den beiden Dichtungen desselben Verfassers im günstigsten Falle c. 50, im ungünstigsten aber c. 100 Jahre verflossen sein sollen. Bei dieser Lage der Dinge kann man sich doch wohl nicht beruhigen. Sarrazin hätte wenigstens sagen müssen, was er für eine Meinung gegenüber den erwähnten Litterarhistorikern hegt,

---

1) ten Brink: Engl. Litt. II, 128.
2) Octavian p. XXV. ff.
3) Hist. of Engl. Poetry III, 95—98.
4) Metr. Rom. III 242.
5) Spielmanns-B. p. 324.

damit diese chronologischen Bedenken schwerster Art nicht gegen seine Hypothese geltend gemacht werden können.

Die Gründe, welche der genannte Gelehrte vorbringt, sind meist stilistischer Natur. Er führt eine Anzahl von Parallelstellen an, die teils dem Oct. und Lyb., teils diesem und Lanval gemeinschaftlich sind. Dahin gehören z. B., dass ein Schild von Gold war und mit Hermelin besetzt, dass eine Axt am vorderen Sattelbogen hing, dass Hiebe mit Macht geschlagen wurden, dass ein adj. slegh in beiden Gedichten erscheint, dass bei der Beschreibung eines Festes gleiche Worte gebraucht werden u. a. m. Ich glaube nicht, dass Sarrazin hieraus auch nur die geringste Stütze für seine Ansicht gewinnen kann; denn es ist klar, dass sich bei den professionellen Spielleuten, zu denen doch Chester gehörte, eine stereotype Art zu dichten herausbilden musste, wie dieses von Zielcke[1]) und Pirig[2]) überzeugend nachgewiesen ist. Aus diesem Umstande erklären sich die fraglichen Analogien mit Leichtigkeit.

Auch Hausknecht[3]) hält in seiner Rezension des Octavian den Beweis Sarrazins für nicht stichhaltig; derselben Ansicht ist Breul.[4])

III. Capitel.
Abschnitt IX.

Analyse des Carduino.
Primo Cantare.

Nach einer 3 Stanzen füllenden Einleitung, welche Betrachtungen über die drei Weisen aus dem Morgenlande und über die Trinität des göttlichen Wesens enthalten, beginnt der Dichter seine Erzählung.

In Camellotto, am Hofe des Parzival-Königs Artus, lebt ein hochedler Baron, der das vollste Vertrauen Elemente seines Fürsten geniesst. Voll giftigen Neides über seine ehrenvolle Stellung, töten ihn heimlich seine

---

1) „Sir Orfeo" cap. II.
2) „Judith" p. 39—45.
3) Litt. Blatt. 1886 p. 138.
4) Engl. Studien IX 459—66.

Feinde. Der Gemordete hinterlässt ein schönes, junges Weib Giovane und ein Knäblein im zartesten Alter. Aus Furcht, dass man auch dem Kinde nach dem Leben trachten könne, flieht die junge Mutter mit demselben in einen grossen Wald, indem sie ihre Kleinodien mit sich nimmt. Hier hält sie sich lange in einer Hütte verborgen, ohne dass jemand am Hof des Königs von ihrem Aufenthalte weiss. Als der Knabe 10 Jahre alt geworden ist, fragt er eines Tages die Mutter nach seinem Vater. Sie antwortet ihm: „Mein Sohn, Dein Vater ist Gott. Es giebt keine anderen Geschöpfe ausser Dir und mir und den Tieren dieses Waldes." Und das Kind glaubt, was ihm die Mutter gesagt hat.

Da geschieht es, dass der Knabe zwei Jagdspiesse im Walde findet, die Jäger dort vergessen hatten. Erstaunt fragt er die Mutter, was das für Dinge seien, und welchen Namen sie hätten. Die Mutter unterrichtet ihn über den Gebrauch der Spiesse, und von nun ab lässt sie Carduino nicht mehr aus seinen Händen. Unablässig durchstreift er den Wald und tötet mit unfehlbarem Wurf das Jagdwild, dessen Fleisch ihnen zur Nahrung und dessen Felle ihnen zu Kleidern dienen.

Eines Tages reitet der König Artus in den Wald, um zu jagen. Angelockt vom Lärm der Jäger, schleicht sich der Knabe aus seiner Hütte und wird von dem Tross erblickt. Mit dem Rufe: „Eco un uon selvagio" treibt man das Kind in die Flucht, sodass es atemlos zu seiner Mutter zurückflieht. Zärtlich schliesst sie Carduino in ihre Arme, muss aber seinen Vorwurf erdulden, weil sie ihn belogen, als sie ihm sagte, dass ausser ihnen weiter niemand auf der Erde lebe. Der Knabe will nun nicht mehr länger im Walde leben, sondern hinausziehn in die Welt, und die Mutter sieht sich genötigt ihm zu folgen.

Mit ihren Schätzen wandern sie, in Tierfelle gekleidet, solange, bis sie in eine grosse Stadt kommen. Hier kauft Giovane ihrem Sohne alles, was er zu seiner ritterlichen Ausrüstung nötig hat. Bald hat Carduino einen Kreis vornehmer Altersgenossen um sich, mit denen er verkehrt. So oft die Leute den stattlichen Jüngling sehen, sagen sie zu ihm: „Carduino, Du bist töricht, wenn Du nicht zum König Artus gehst, dort kannst Du hohe Ehren gewinnen." Endlich kann der Jüngling dem Wunsche ein Ritter dieses Fürsten zu werden nicht länger widerstehn. Er bittet seine Mutter ihn ziehn zu lassen. Ohne Weigerung willigt die Mutter in sein Verlangen. Sie giebt ihm gute Lehren mit auf den Weg und erzählt ihm auch auf seine Fragen das Schicksal seines Vaters Dondinello, der von Mordaretto und seinen Brüdern in schmachvoller Weise vergiftet sei.

Leider zeigt die Handschrift des Carduino nach der 29. Stanze eine Lücke von 8 Strophen, die ich jedoch aus dem übrigen Gedichte richtig zu ergänzen hoffe.

Der Jüngling will Rache nehmen an den Mördern seines Vaters. Aber die Mutter gemahnt ihn zur Vorsicht, da seine Gegner mächtig und einflussreich seien. Sie rät ihm dringend den Namen seines Vaters zu verschweigen, weil er sonst Gefahr laufen würde entdeckt zu werden, und erzählt ihm, dass sie selbst aus einem niedrigen Geschlecht abstamme.

Dass dieses Gespräch zwischen Mutter und Sohn stattgefunden haben muss, beweist St. 31, 2, wo Carduino dem Könige antwortet: „No so chi fu mio padre, alto signore", obgleich ihm doch Giovane in St. 29 ausführlich sagt:
„O figliuol mio, tuo padre fu chiamato
Dondinello, sillo chiamò la giente,
E fue in corte de're più ricordato
Che niuno altro barone, e'l più posente."

Andererseits sprechen die Worte Carduinos in St. 31, 3:
„Malla mie madre fu d'una vil giente," wohl deutlich genug für den zweiten Satz unserer Behauptung hinsichtlich der Abstammung der Mutter und der diesbezüglichen Reden zwischen ihr und dem Sohne.

Nachdem sich der Jüngling von seiner Mutter getrennt hat, eilt er an den Hof des Königs und findet denselben im Kreise seiner Barone. Er erklärt ihm freimütig ein Ritter werden zu wollen und ihm mit Treue und Ergebenheit zu dienen. (Hier setzt die erste Stanze nach den verloren gegangenen wieder ein.) Der hocherfreute König heisst ihn an seiner Seite niedersitzen und fragt ihn nach dem Namen von Vater und Mutter. Die Antworten, welche Carduino giebt, kennen wir bereits. Indessen ist die Tafel in Bereitschaft gesetzt, und man beginnt zu speisen.

Da erscheint ganz unerwartet eine Jungfrau in Begleitung eines Zwerges vor dem Könige, wirft sich auf die Knie nieder und fleht ihn an ihr einen tapferen und wohlerprobten Ritter mitzusenden, um den Zauber einer dem Könige treu ergebenen Stadt zu brechen.

Secondo Cantare.

Die Jungfrau berichtet Artus, dass ihre Schwester, die Königin dieser Stadt, verzaubert sei, weil sie einem alten Schwarzkünstler ihre Hand nicht habe reichen wollen. Alle Einwohner seien in wilde Tiere verwandelt. Nur ein ausgezeichneter Ritter könne den Unglücklichen und ihrer Schwester Beatrice helfen.

Darauf fordert der König Carduino auf seinen Mut bei diesem Abenteuer zu beweisen. Trotz des heftigsten Protestes von Seiten des Zwerges macht sich der Jüngling, mit seinen Spiessen bewaffnet, kühn auf den Weg.

Am Abend erreicht man ein schönes Schloss, das von einer Zauberin bewohnt wird. Diese Dame hat die Gewohnheit jedem von ihr beherbergten Ritter ihre Liebe anzutragen. Auch Carduino wird von dieser Sitte in unzweideutigster Weise in Kenntnis gesetzt.

Bevor man sich nach der Abendmahlzeit trennt, befiehlt sie ihm genau das Gegenteil von dem zu thun, was sie ihm später sagen würde. Es währt nicht lange, so hört sich Carduino von der Zauberin gerufen

Ohne zu überlegen verlässt er sein Lager, um dem Rufe Folge zu leisten, als auf einmal ein gewaltiges Brüllen ertönt, wie wenn ein Orkan das tiefe Meer aufwühlt.

Plötzlich rauscht vor dem entsetzten Ritter ein Strom, und er a sieht sich von 4 Riesen gepackt, die ihn an einer Gabel dicht über den Wellen halten. In dieser qualvollen Lage verbringt Carduino die ganze Nacht, denn erst die aufsteigende Sonne verscheucht den Zauber.

Gedankenvoll setzt der Jüngling am Morgen seinen Weg fort, als ihm ein Ritter entgegenkommt. Er heisst Aguerieese und ist der Bruder Calvanos, also einer der Mitschuldigen am Morde von Carduinos Vater. Der Ritter kommt heran und verlangt von dem Jüngling ihm die Jungfrau auszuliefern, welche in seiner Gesellschaft reitet; wenn nicht, so wolle er ihm den Kopf abschlagen. Ohne auch nur eine Silbe zu erwidern, schleudert Card. dem Unhold einen von seinen Spiessen durch die Brust, sodass er tot vom Rosse sinkt. Von dem erschreckten Zwerge erfährt der Jüngling nun erst, dass er den Neffen des Königs Artus getötet habe, denselben, fügt der Zwerg hinzu, der den edlen Dondinello habe vergiften lassen. Carduino schweigt still, aber er weiss nun, dass ein Teil seiner Rachepflicht erfüllt ist.

Parzival Elemente

Am Abend desselben Tages 5 kommen sie in einen Wald, wo sie auf blumiger Wiese ihr Zelt aufschlagen. Auf einmal tönt lautes a Geschrei an ihr Ohr, welches von einer weiblichen Stimme herrührt. Carduino springt auf, um dem Schalle nachzueilen, wird aber von dem furchtsamen und vorsichtigen Zwerge gebeten sich ganz still b zu verhalten. Aber der Jüngling lässt sich nicht abschrecken; er dringt weiter vor und erblickt 2 Riesen, von denen der eine ein 15jähriges Mädchen in seinen Armen hält, die kläglich um Hülfe schreit, der andere aber eine Hirschkuh mit Haut und Haaren im Feuer brät. Sobald letzterer Carduinos ansichtig wird, springt er auf, um ihn mit seinem Braten c zu Boden zu schlagen, erliegt aber samt seinem Genossen den Spiessen des Gegners.

Die Befreite ist die Tochter 6 eines vornehmen Mannes und wird deshalb von dem Zwerge sehr geehrt.

Sie kehrt mit ihrem Erretter zu 7 dem Zelte zurück, worauf sich alle an der gebratenen Hirschkuh der a Riesen laben.

Nach ungestörter Nachtruhe 17 bricht man wieder auf und erreicht nach vielen Tagemärschen die verzauberte Stadt. Der Zwerg macht c den Jüngling auf alles aufmerksam und unterweist ihn genau in allem, was er zu thun habe und was ihm begegnen werde.

Mit einem: „Idio m'aiuti" tritt 18 Card. in die verzauberte Stadt ein. a Da drängen sich von allen Seiten Löwen, Schlangen und Drachen an ihn heran und umschwärmen ihn in Schaaren. Sein scheuendes Ross mit den Sporen vorwärtstreibend, gelangt er auf den Markt der Stadt. Hier bewegt sich eine Schlange hin und her, die 3 silberne Ketten um ihren Hals trägt. Als sie Carduino erblickt, spricht sie zu ihm:

„Baron, fa che sia ardito e dotto."

Aber der Jüngling antwortet ihr nicht, sondern ruft laut, wie ihm der Zwerg befohlen: „Esci di fuor, fellone." c

Plötzlich sprengt aus einem Marmorpalast ein Ritter gegen Carduino. Aber furchtlos schleudert er seinen Wurfspiess nach ihm, sodass der Gegner Kehrt macht und verwundet hinter einer Thür verschwindet. Da ihm aber Card. nicht folgt, so erscheint er von neuem, um den Kampf fortzusetzen. Der Ausgang desselben ist vorauszusehn. Der Jüngling schlägt dem Zauberer den Kopf ab und durchsucht nach dem Gebot des Zwerges seinen Gürtel. Er findet einen kostbaren Ring, den er sogleich zertrümmert. Kaum ist dies geschehn, als sich die wilden Tiere der Stadt gegen den Leichnam des Zauberers wenden und ihn voll Wut zerreissen. 19

a

b

Noch bleibt dem Ritter die schwerste That übrig: der Kuss auf den Mund der Schlange. Langsam kehrt er deshalb zu derselben zurück und steigt von seinem scheuenden Rosse. Das Schwert mit festem Griff umfasst, küsst er das sich demütig niederkauernde Tier auf den Mund. 20

Auf einmal tritt eine wunderbare Verwandlung ein. Die hässliche Schlange wird zu einer blühenden Jungfrau, und alle die wilden Tiere nehmen ihre Menschengestalt wieder an. 22

Das liebliche Mädchen schmiegt sich an Card. an und sagt zu ihm: 24

„Pu sarai l'amor mio fino." a

Niemand ist glücklicher als der junge Ritter und die Entzauberten. b

Sie feiern ihr Glück durch ein grosses Freudenfest. 25

Darauf spricht Card. mit den Bürgern, dass er nicht an Artus Hof zurückkehren, vielmehr seinen ermordeten Vater rächen wolle. Artus erfährt von diesem Plane und sendet deshalb Gesandte an den Jüngling, um mit ihm Frieden zu schliessen. Der Erzürnte willigt auch schliesslich ein und kehrt mit den Boten an den Hof des Königs zurück. Darauf lässt er sogleich seine Mutter dahin kommen. Trotzdem ihn Calvan und seine Brüder, die einst Mitschuldige an dem Morde waren, um Verzeihung bitten, tötet er doch den ersteren, während er den letzteren verzeiht.

Parzival Elemente

Der König ehrt den Jüngling ausserordentlich. Er macht ihn zum Ratgeber und Ritter seines Hofes und giebt ihm die erlöste Jungfrau zum Weibe. Bald kehrt er in die entzauberte Stadt zurück, wo ihm ein Knäblein geboren wird, von dem der Dichter sagt: „Miglior di lui non portò armadura". 40

Solange Carduino lebte, war er von seinem König geehrt und geliebt, denn er war der tapferste und stärkste Ritter seines Hofes.

Abschnitt X.

Untersuchung über das Dümmlingsmärchen im Carduino.

Die eigentümliche Erscheinung, dass wir im Card. Sagenelemente antreffen, welche eine bedeutende Aehnlichkeit mit dem bekannten Dümmlingsmärchen der Parzival-Sage aufweisen, hat bis jetzt eine viel zu geringe Beachtung gefunden [1]) Rajna hat in der Einleitung seiner Carduino-Ausgabe versucht diese Bestandteile als eine primitivere Form der Parzival-Sage hinzustellen, indem er sich bei seinen Untersuchungen auf die Edition des Perceval von Potvin stützte, ohne jedoch darauf Rücksicht zu nehmen, dass das Ms. von Mons, auf welches die Ausgabe basiert ist, eine Einleitung bietet, die zum grössten Teile gar nicht von Cr. v. Troyes herrührt. Es darf nach den Darlegungen von Birch-Hirschfeld [2]) und anderen als ausgemacht gelten, dass Crestien der Verfasser der V. 1—1282 nicht ist, und deshalb hätten dieselben von Rajna auch nicht unter dem Namen des Dichters in die Untersuchung hineingezogen werden dürfen.

In allen litterarischen Denkmälern, welche über die Jugend Parzivals berichten, erscheint die Person desselben unlöslich mit der Mystik und Symbolik des Gral verbunden. Die einzige Ausnahme bildet, soweit mir bekannt ist, die engl. Romanze Sir Percyvelle.[3]) Es ist eine von verschiedenen Seiten ausgesprochene Behauptung, dass die Person Parzivals ursprünglich nichts mit jenem heiligen Gefäss zu thun hatte, und gerade die englische Romanze bietet einen schlagenden Beweis dafür. Die Stellung dieses Gedichtes ist zuerst von Rochat,[4]) dann von W. Hertz [5]) und im Anschluss an ihn

---

1) Höchst interessant ist die Aehnlichkeit der Jugend Cuchulinns, des altirischen Sagenhelden (8. Jhd.) mit derjenigen Parzivals. (vgl. Zimmer G. G. A. 1890 N 12 p. 519.)
2) Die Sage vom Gral p. 69.
3) The Thornton Romances p. 1—87.
4) „Ueber einen bisher unbek. Percheval" p. 115.
5) „Sage v. Parzival u. dem Gral" p. 24.

von G. Paris[1]) gebührend hervorgehoben worden. Die Ansicht Kölbings[2]), dass die Romanze eine freie Nachbildung des Crestienschen Werkes sei, ist als verfehlt zu betrachten, wie dies aus den nachfolgenden Untersuchungen deutlich hervorgehn wird. Da das englische Spielmannslied nach unserer Meinung die beste Aufklärung über das mit dem Sagenstoff vom „Schönen Unbekannten" eng verbundene Dümmlingsmärchen im Card. giebt, so wird es unerlässlich sein, einige Augenblicke bei ihm zu verweilen.

Obgleich die Romanze aus dem 15. Jhd. stammt, so muss die Quelle derselben, eben weil der Held der Dichtung noch nicht mit dem Gral verbunden erscheint, in ein höheres Alter zurückversetzt werden als alles, was uns sonst von Parzival überliefert ist. Der Dichter der Romanze schöpfte noch zu seiner Zeit mittelbar aus der bretonischen Tradition, in der die Parzival-Sage einst selbständig existierte. Wäre dies nicht der Fall gewesen, woher hätte er sonst seinen Stoff nehmen sollen? Aus Crestiens und Wolframs Werk sicherlich nicht, denn in ihnen war der Gral die Hauptsache, dem gegenüber, besonders im Crestien das Dümmlingsmärchen durchaus zurücktrat. Ebenso steht es mit den übrigen Graldichtungen. Es bleibt also schon aus diesem Grunde keine andere Quelle übrig als die bretonische Tradition. Angenommen auch, dass der engl. Bänkelsänger Crestien, oder gar Wolfram vor sich hatte, warum entlehnte er dann auch nicht eins von den zahlreichen Abenteuern derselben, die doch vortrefflich für ein Spielmannslied geeignet waren, warum schuf er vollkommen neue? Zu welchem Zwecke griff er dann überhaupt zu einer Vorlage, wenn er sie doch nicht benutzen wollte? Alle diese Rätsel drängen zu der Annahme, dass der engl. Romancier aus mittelbarer bretonischer Tradition schöpfte, die dem professionellen Dichter unschwer zugänglich sein musste. Dass aber in der That dergleichen Rudimente einer selbständigen Parzival-Sage im Volksbewusstsein lebten, beweisen die Interpolation des Crestienschen Werkes im Monser Ms., beweisen ferner das Lai Tyolet und der Roman Fergus, wennschon wir im letzteren Reminiscenzen ans dem afrz. Epiker erblicken können.

---

[1]) Hist. litt. XXX. p. 254.   [2]) Germania XIV. p. 180.

[Die Anhänger der Kyot-Hypothese können auf die engl. Romanze zu ihren Gunsten hinweisen. Sie enthält einzelne Züge, die mit Wolframs Darstellung der Jugendgeschichte seines Helden analog sind, die aber bei Crestien fehlen. Warum sollte sie Wolfram nicht aus dem vielumstrittenen Kyot genommen haben, da sie doch wie z. B. der Tod von Parzivals Vater und die dadurch motivierte Flucht der Mutter primitive Züge der bretonischen Ueberlieferung sind, die Wolfram nur durch frz. Vermittlung zugeflossen sein können?]

Das hauptsächlichste Moment aber, weshalb die engl. Romanze in eine jede Untersuchung über die Parzival-Sage hineingezogen werden muss, ist die Thatsache, dass sie allein die Person des roten Ritters und sein sonderbares Betragen motiviert. Er ist kein anderer als der Mörder von Parzivals Vater. Crestien weiss von einer Tötung des Vaters garnichts zu erzählen, wohl aber sein relativ gut unterrichteter Interpolator; Wolfram erzählt zwar den Tod Gahmurets, denn er kannte ihn aus dem der Tradition näher stehenden Kyot, aber er kleidet ihn anders ein. Dadurch, dass der engl. Romancier den roten Ritter zum Mörder von Parzivals Vater macht, der kein anderer als der Schwager des Königs Artus war, lernen wir auch das Betragen dieses Mannes gegen den König selbst und seine Gemahlin verstehn. Er musste beide hassen, da sie mit seinem Todfeinde, den er gemordet, innig verwandt waren. Diese Motivierung nun weist die Quelle der engl. Romanze in ein hohes Alter zurück, wo die Bedeutung des roten Ritters noch klar aus der Volksdichtung hervortrat. Als eine Schönheit dieser Quelle muss es betrachtet werden, dass die erste Begegnung des schönen Dümmlings die mit dem Mörder seines Vaters, dass seine erste That, wenn auch unbewusst, wie im Carduino, die der Rache ist.

Ich glaube im voraufgehenden nachgewiesen zu haben, dass die engl. Romanze die älteste und primitivste Gestalt des bekannten Dümmlingsmärchens in sich birgt und dass deshalb ohne sie, wie es Rajna gethan, eine eindringende Untersuchung dieses Gegenstandes nicht möglich ist.

Wir wenden uns nun zur Erörterung der Frage, welche Stellung Puccis Dümmlingsmärchen gegenüber der frz. Ueberlieferung, speziell aber der engl. Romanze, einnimmt.

Wie im Bänkelsängerlied der Vater Parzivals dem königlichen Hause ausserordentlich nahe steht, so auch im Carduino. Dort ist er der Schwager des Königs, hier sagt der Dichter von ihm I, 5:

„Lo re gli diede tutto il suo segreto;
Molto l'amava e gran ben gli volia
E senpre seco sel tenea a cheto."

Im Crestien würden wir vergeblich nach einem solchen Verhältnis suchen. Es heisst hier ausdrücklich, dass sich Parzivals Vater nach dem Tode Uter Pendragons in sein einsames Waldhaus zurückzog. Auch bei Wolfram und im kymr. Romane (nicht Mabinogi)[1] Peredur findet sich nichts Aehnliches, viel eher noch bei dem Interpolator Crestiens.

Die nordische Version der „Parcevals Saga"[2] stimmt merkwürdiger Weise in diesem Punkte mit der engl. Romanze überein; hier ehrt der König Parzivals Vater, der nur ein einfacher Bônde ist, dadurch, dass er ihm seine Tochter zur Frau giebt. Sicher schloss sich der Dichter in diesem Punkte der alten Tradition an.

Eine weitere Analogie zwischen Sir Percyvelle und Carduino liegt in der Motivierung des Todes von Parzivals Vater. In beiden Fällen erfolgt er nämlich aus Hass und Neid, wennschon die Einkleidung verschieden ist. Bedeutungsvoll ist es aber, dass beide Dichter den Tod als vor unseren Augen geschehend berichten, was bei Crestien nicht, wohl aber auch bei seinem Interpolator der Fall ist.

Eine wichtige Rolle spielen die Wurfspiesse. Im Carduino findet sie der Knabe zufällig im Walde, und in der engl. Romanze ist es die Mutter, die ihrem Sohn sagt, sie habe den schottischen Speer im Walde gefunden. In beiden Fällen handelt es sich also um einen Fund.

Eine weitere Analogie liegt in der Art und Weise, wie Parzival die Waffe gebrauchen lernt. Im Carduino heisst es: I, 14.

„E Carduino disse: „Madre bella,
Dimmi, madre, quel ch'io ne debo fare"

---

[1] Zimmer a. a. O. p. 511.
[2] Kölbing, Riddarasögur und Germania XIV. u. XV.

> Allor rispuose quella damigiella:
> „Con e' le bestie si debi pigliare".
> E fecie un segno allor quella donzella,
> E'nverso il segno incominciò allanciare;
> „A questo modo piglierà le bestie" etc.

Da in der Romanze die Mutter ihrem Sohn den Speer in die Hand giebt, so ist es auch natürlich, dass sie ihm seinen Gebrauch lehrt. Crestien bietet wiederum nichts Aehnliches.

Zwei Entsprechungen zwischen Card. und dem Interpolator Crestiens sind die folgenden:[1]) V. 1117—18.

> „Ot la dame pris son tresor
> Qu'ele avoit grant d'argent et d'or".

Und im ital. Gedicht: I, 6.

> „E portò pietre e perlle e ricche cose."

Dann: V. 1213.

> „Quatorse ans a la dame este
> En la foriest et convierse,
> Que hom de mere nel savoit
> Le liu ou ele conviersoit.
> Et ses gens le faisoient querre
> Et cierkier par mer et par terre;
> Mais rien aprendre n'en pooient."

Im Carduino heisst es: I, 7.

> „Col suo figliuolo ella si fue posata
> Più di sette anni, che non si sapea;
> Nella corte nè 're non sa niente
> Dove si fusse andata, nè suo giente."

Diese Analogien rühren mit Sicherheit davon her, dass die Quellen beider Dichter verwandt waren.

Indem ich eine Anzahl von heranzuziehenden Vergleichungspunkten, wie die Kleidung aus Fellen, die guten Lehren der Mutter, die Gespräche über Gott u. a. m., das allen Versionen der Parzival-Sage gemeinsam ist, übergehe,[2])

---

[1] Rajna p. XVIII.
[2] Die angeführten Analogien zwischen dem Card. und der Romanze lassen sich aus den st. 12—15 (I. Gesang) und den Stroph. XIII u. XIV noch vermehren.

möchte ich noch besonders auf éinen Punkt hinweisen. Ich meine das Motiv der Rache. Wir haben bei Betrachtung der engl. Romanze gesehn, dass der von Parzival an dem Mörder seines Vaters vollzogene Racheakt einen uralten Bestandteil der alten bretonischen Volksdichtung gebildet hat. Diese ursprüngliche Idee findet sich auch bei Pucci in hervorragender Weise verwertet, wie man sich aus der Analyse des Gedichtes überzeugen kann. Auch Carduino vollzieht wie Sir Percyvelle vor unseren Augen die Rache an dem Mörder seines Vaters.

Dies berechtigt uns zu dem Schlusse, dass Pucci durch die von ihm benutzte Quelle gerade auf diesen Gedanken besonders hingeführt wurde.

Nach alledem, was wir über das Verhältnis des Dümmlingsmärchens im Card. zu der uns erhaltenen anderweitigen Ueberlieferung, speziell der engl. Romanze, gesagt haben, wird es keinem Zweifel mehr unterliegen, dass wir es hier unbedingt mit einer primitiven Gestalt der Parzival-Sage zu thun haben und zwar mit einer solchen, welche der des engl. Gedichtes sehr nahe steht und daher genau dasselbe Alter beanspruchen darf wie diese. Um jeden Zweifel zu beseitigen, sei noch erwähnt, dass nur in den beiden besagten Dichtungen die Mutter des Helden am Leben bleibt und zu dem Sohne zurückkehrt, um fortan an seinem Glücke teilzunehmen. Dies berechtigt uns zu dem Schlusse, dass Pucci nicht nur den Anfang, sondern auch das Ende der ursprünglichen Sage gekannt hat.

G. Paris spricht von einem „poème français qui a servi de modèle au rimeur italien", woraus doch deutlich hervorgeht, dass Pucci nach seiner Meinung eine Quelle benutzte, worin bereits die beiden Sagenstoffe von Parzival und dem Bel Inconnu verbunden auftraten. Die Annahme einer solchen aber kann durch nichts bewiesen werden. Da die Verschmelzung der beiden Stoffe notwendig irgend einem Reimer zugeschrieben werden muss, warum sollen wir diesen nicht in der Person Puccis erblicken, der nach allem, was wir von ihm wissen,[1]) ganz die geeignete Persönlichkeit dazu war, eine solche Aufgabe geschickt zu lösen? Die Schwierigkeiten aber, welche aus der Frage erwachsen: wie kommt der ital. Reimer des

---
1) Gaspary: Ital. Litt. II 81 ff.

14. Jhd. zu dem Besitz der ursprünglichsten Formen zweier Sagenstoffe des 12. Jhd., (Abschnitt XI), sind nicht unüberwindlicher Natur. Es ist sehr wohl denkbar, dass Pucci seinen Stoff aus dem Munde eines nach Italien gereisten Engländers, sei er nun Mönch oder Laie, vernommen hat, und dass er nach diesem Bericht, der vielleicht für beide Sagen von derselben Person ausging, sein Gedicht komponierte.

Italien wurde damals ebenso wie noch heute oft genug von reisenden Engländern heimgesucht, denen die Sagen der alten Bretonen nicht unbekannt sein konnten.

Abschnitt XI.

Ursprüngliche Gestalt und Entwicklung des Sagenstoffes.

Nachdem ich im Abschnitt VII das Verhältnis des Lyb. Disc. zum Bel Inc. glaube festgestellt zu haben, erübrigt es nur noch, um eine klare Vorstellung von der allmählichen Entwicklung unseres Sagenstoffes zu erlangen, dem Carduino die richtige Stelle anzuweisen.

Ein Blick auf die Tabelle II zeigt uns, welche Gruppen den drei in Betracht kommenden Versionen gemeinsam sind. In diesen dreifach wiederkehrenden Elementen werden wir mit einiger Wahrscheinlichkeit diejenigen Teile der Sage zu erkennen haben, auf welche die jedesmaligen Bearbeiter der drei Versionen den Schwerpunkt ihres Interesses legten, oder mit anderen Worten solche Elemente, welche ihnen als der Kern der Sage erschienen. Es handelt sich somit um die Gruppen 1. 2. 5—7. 13. 17—20. 22—25. und 40. d. h. im wesentlichen um nichts anderes — wenn wir die Bestandstücke ausser Acht lassen, welche den notwendigen Hintergrund der Abenteuer bilden müssen — als den Riesenkampf, die Feenscene und die Erlösung einer verzauberten Jungfrau durch einen Kuss nebst den mit letzterem Wagnis verbundenem Kämpfen gegen zauberkundige Unholde.

Von diesen Gruppen kann jedoch diejenige, welche den Kampf des Helden mit den beiden Riesen darstellt, von vornherein keinen Anspruch darauf machen, ursprünglich dem Sagenstoff angehört zu haben. Sie wurde (p. 16) als eine direkte Entlehnung aus dem Erec nachgewiesen und kann daher erst nach c 1160 in die Sage vom Schönen Unbekannten aufgenommen sein.

Es bleibt somit als Kern des Sagenstoffes nur noch die Reihe von Gruppen übrig, welche sich auf die Fee und die Erlösung der verzauberten Jungfrau beziehen. Die primitivste Form der Darstellung dieser Bestandteile ist uns im Card. erhalten. Auf mythologische Elemente im poetischen Gewande romantischer Erzählungen baut sich Puccis Werk auf. Jener Feen- und Wunderglaube der alten Bretonen, von denen ihre Sänger so reizend zu erzählen wussten, dass ihre poesievolle Prosa, nachdem sie das glänzende und zierliche Gewand des Reimes angelegt, das Entzücken der vornehmen Welt wurde, eben jener Glaube bildet das Fundament des Bänkelsängerliedes. Deshalb sind wir berechtigt diese einheimischen Bestandteile heidnisch-bretonischen Volksglaubens als den Kern unserer Sage anzusehn.

Der Eindruck, den wir aus der Lektüre Carduinos gewinnen, ist der einer schlichten, einfach-volkstümlichen Darstellung, sodass man sogleich auf den Gedanken verfällt in diesem Gedicht die älteste Form der uns überlieferten Sage zu erblicken. Es ist sehr wahrscheinlich, dass solche Feen- und Schlangengeschichten, (x_1 und x_2) lange bevor der Bearbeiter von y sie auf ein und dieselbe Person bezog, bei den Bretonen als selbständige Erzählungen im Schwange waren. In diesem Bearbeiter werden wir einen Sänger zu erblicken haben, dessen Heimat jenes zweisprachige Grenzgebiet zwischen der Bretagne und der Normandie war, von dem aus die Uebertragung bretonischer Sagenelemente in die Normandie und nach Frankreich allein denkbar ist.[1]) Der Erzähler von y wäre daher infolge seiner Kenntnis der frz. Sprache sehr wohl in der Lage gewesen selber die Entlehnung der Riesenscene,

---

1) cf. Zimmer: Zsch. f. fr. Spr. u. Litt. XII, 234.

(die er vielleicht schon als bretonischen Sagenstoff kannte), aus dem Erec vorzunehmen. Mit dieser Annahme, die einige Wahrscheinlichkeit für sich hat, würden die beiden rekonstruierten Versionen y und z in eins zusammen fallen. Selbstverständlich ist es, dass der Verfasser von z seiner Erzählung auch zugleich eine gewisse Staffage verleihen musste, wodurch dann die Gruppen 1. 2. und 40 hinzutraten.

Der Carduino bietet uns von den 40 unterschiedenen Gruppen des Bel Inc. im ganzen 17. Weniger als diese Teile kann also z nicht enthalten haben, wohl aber mehr. Selbst bei genauester Prüfung bietet das ital. Gedicht keine Veranlassung Gedankenlücken zu konstatieren. Die ganz unbedeutenden Mängel in der Erzählung, wie z. B. das Schweigen über das weitere Schicksal der von den Riesen erretteten Jungfrau, darf bei einem mittelalterlichen Dichter nicht Wunder nehmen und berechtigt nicht auf eine ausführlichere Quelle zu schliessen. Es ist sicher, dass sich Pucci eng an seine Vorlage anschloss, denn der Card. enthält nichts Wesentliches — abgesehen von den bereits erörterten Parzival-Elementen — das sich nicht auch im Lyb. Disc. oder im Bel Inc. fände. Daraus lässt sich ohne weiteres schliessen, dass Pucci seiner Vorlage nichts hinzufügte; wie viel er vorfand und trotzdem vernachlässigte ist bei der bereits hervorgehobenen abgeschlossenen Darstellung seines Gedichtes nicht mit Sicherheit zu entscheiden. Jedenfalls aber liegt die Annahme nahe, dass, wenn Pucci bezüglich der Hinzufügungen zu dem überlieferten Stoffe sehr konservativ mit seiner Quelle verfuhr, er es auch bezüglich der Auslassungen gethan haben wird.

Ich möchte nicht annehmen, dass der Held von z bereits der „Schöne Unbekannte" genannt worden ist. Das ital. Gedicht erwähnt diesen Namen überhaupt nicht. Pucci würde sicherlich, da er seiner Quelle, wie ein Vergleich einzelner Gruppen mit dem Lyb. Disc. oder dem Bel Inc. leicht zeigen kann, sehr genau folgte, und er als Dichter doch den Geschmack seines Publikums kannte, nicht verfehlt haben sein Gedicht und den Helden desselben unter dem romantischen und vielversprechenden Namen des Schönen Unbekannten in die Welt hinaus zu schicken, wenn er nur durch seine Quelle darauf hingewiesen wäre.

Ebensowenig wie der Held der Quelle Puccis den besagten Namen trug, ebensowenig war er auch der Sohn Gaweins. Dies geht aus der Thatsache hervor, dass Galvano oder Calvano im ital. Gedicht sogar der Meuchelmörder von Carduinos Vater ist. Wie hätte Pucci auf den Gedanken kommen sollen die gegebenen Verhältnisse von z so vollkommen umzukehren, wenn er den Helden seiner Quelle als Gaweins Sohn bezeichnet fand?[1]) Auch mit Rücksicht auf die mit dem Card. eng verbundene Parzival-Sage kann diese Erscheinung nicht erklärt werden, denn nirgends wird der Mörder von Parzivals Vater Gawein genannt. Es bleibt daher nichts als die Annahme übrig, dass der Held von z nicht Gaweins Sohn, also auch nicht der Schöne Unbekannte war, sondern wahrscheinlich irgend ein bretonischer Nationalheld mit Namen Guinglain, dessen Herkunft unbekannt war, und der in einigen Zügen an den Parzival erinnerte.[2]) Dies war denn auch der natürliche Grund, weshalb Pucci das ihm bekannte Dümmlingsmärchen in so ausgiebiger Weise ausbeutete, und weshalb der engl. Bänkelsänger sich wenigstens einzelne Momente desselben aneignete.

Dass der Bel Inconnu ebenso wenig wie Tristan ein traditioneller Artus-Ritter war, beweist das Fehlen seines Namens in allen Quellen, aus denen wir unsere Kenntnis der Artus-Sagen schöpfen. Es ist bis jetzt nicht möglich gewesen die Erwähnung dieses Namens vor dem Gedichte Renauts nachzuweisen. Erst durch die Quelle u dieses Werkes ist Lib. Desconeu in die Reihe der Artus-Ritter versetzt worden, freilich nur, um als solcher ein ebenso kurzes als schönes Leben zu verbringen.

Doch kehren wir zur Entwicklungsgeschichte unseres Sagenstoffes zurück! Wir sind genötigt anzunehmen, dass z nach kurzer Zeit einen Bearbeiter fand, der der Erzählung

---

1) cf. hierzu Rajna Einleitg. p. XXII.
2) Man vergleiche hierzu die bereits erwähnte Aehnlichkeit der Jugendverhältnisse Cuchulinns.

die Form u gab, wie sie noch heute im grossen und ganzen in der engl. Romanze vorliegt, und wie sie auch Renaut zu seinem Roman benutzte. Dieser Bearbeiter wird vermutlich ein französisch-normannischer Trouvère gewesen sein, dem Kenntnisse des Artuspersonals durchaus nicht abzusprechen sind. In dieser Darstellung u erscheint auch zum ersten Male der Name des Schönen Unbekannten also die Gruppe 1c. In ihr wurde Lib. Desc. zum Sohne Gaweins. Dergleichen Erzählungen entwickelten sich dadurch, dass man anfing die bedeutendsten unter den Artus-Rittern mit einem Kreise von Sagen zu umgeben, sei es nun, dass dies an der Hand volkstümlicher Ueberlieferung geschah, oder sei es, dass die Phantasie der Dichter an ihre Stelle trat. Auch der Verfasser von u hat in diesem Sinne dazu beigetragen, den Sagenkreis Gaweins zu erweitern.

Die Bearbeitung muss zum mindesten alle Gruppen enthalten haben, welche der frz. und engl. Version, dann aber auch der frz. und ital. gemeinsam sind. Letzteres hat für die Gruppen 7a, 17c, 18c, 32 und 33a Geltung, die in der engl. Romanze fehlen, obgleich sie bereits in z vorhanden gewesen sein müssen, wie eine Vergleichung mit dem Card. lehrt. Diese Partien sind es auch, welche den Gedanken vollkommen unterdrücken, dass das engl. Gedicht die Vorlage des ital. gewesen sein könnte, ebenso wie es unmöglich ist, den Card. aus dem franz. Epos abzuleiten, weil sich Elemente in ihm finden, die dem Bel Inconnu fehlen, dafür aber in der engl. Romanze vorhanden sind. Die Gründe, weshalb wir den Card. nicht auch aus u ableiten, sind im voraufgehenden zur Genüge erörtert.

Durch Kombination der Columne 1—3 (Tabelle II) sind wir sehr wohl imstande uns ein Bild von der ungefähren Beschaffenheit und Ausdehnung der verloren gegangenen Version u zu machen. Die engl. Romanze dürfte mit Hinzufügung der fünf angeführten Punkte die rekonstruierende Form am besten wiedergeben.

---

1) cf. Stephens. p. 429 ff.: At first the Norman Trouveres confined themselves to embellishing the Keltic traditions etc."

Der Bearbeiter von u scheint eine ziemlich unbefähigte Persönlichkeit gewesen zu sein, da er, um seinem Werke einige Dimension und auch gleichzeitig Bedeutung zu verleihn, eine zweite und weit grössere Anleihe aus Meister Crestiens Erec machte, als es das erste Mal durch den Verfasser von z geschehn war. Die Entlehnungen beziehn sich auf die Gruppen 7 b. (Kampf mit 3 Wegelagerern); 11. (Die Sperberscene); 11 c. (Helie und Margerie, zufällig zusammentreffend, erkennen sich als Freundinnen); 12 a (Köpfe, die auf Pallisaden gespiesst sind); 16. (Den Einwohnern einer Stadt ist es verboten, einen Ritter zu beherbergen etc.). In allen diesen Elementen wird man unschwer Parallelen zum Erec wiederfinden, weil sie aus ihm entlehnt sind. Dass ich der Ansicht bin, es habe eine mehrfache Entlehnung aus dem Erec stattgefunden, darf insofern nicht Wunder nehmen, als dieser Roman für längere Zeit das einzige und erste Artus-Epos war, welches existierte. Wenn also ein Dichter überhaupt die Absicht hatte Sagenelemente zu entlehn, aus welchem Werke konnte er dann kurz nach 1160 schöpfen? In unserm Falle ist diese Erscheinung um so erklärlicher, als der Bearbeiter von u durch seine Vorlage z direkt auf Erec hingewiesen wurde.

Ohne noch weiter auf Einzelheiten eingehn zu wollen,[1]) will ich doch bemerken, dass der Verfasser von u derjenige war, welcher in den Gruppen 19 und 23 statt ursprünglich éines Zauberers zwei auftreten liess. Der Grund dafür ist leicht einzusehn. Die Fassung z schilderte nämlich den Kampf mit dem einen Zauberer derartig, dass sie ihn zweimal auftreten liess, wie dies aus einem Vergleich mit dem Card. ersichtlich ist. Aus diesem zweifachen Auftreten einer und derselben Person machte der Bearbeiter von u, was ja sehr nahe lag, ein je einmaliges Erscheinen zweier verschiedenen Zauberer. Die Version u muss aber über den jüngeren Schwarzkünstler nur dunkle Andeutungen enthalten haben, sodass es dem engl. Romancier passieren konnte, ihn bei der Tötung durch Guinglain ganz und gar zu vergessen. Nur der etwas gewissenhaftere Redaktor von N lässt ihn schliesslich noch, aber auch

---
1) cf. Abschnitt VII.

ganz nebensächlich, ums Leben kommen. (In den Versen 2154—62 nach der Zählung meines auf Grund der Kölbingschen Collation rekonstruierten Textes der Neapler Hdschr.)

Das Fehlen der Gruppe 34 im Card. dürfte am besten so zu erklären sein, dass sie z und u nicht enthielten. Wir sehen in der That keinen Grund ein, weshalb Pucci die eine von zwei Parallelgruppen berichtet haben sollte, während er die andere verschwieg. Das Annehmbarste ist jedenfalls, dass der Italiener nichts davon in seiner Quelle z vorfand, wozu dann das Ausfallen sogar beider Gruppen 33 und 34 in der engl. Romanze vortrefflich stimmen würde.

Die hier besprochenen rekonstruierten Entwicklungsstufen unseres Sagenstoffes scheinen mir nach genauester Prüfung aller Einzelheiten für eine befriedigende Erklärung der sehr komplizierten vorliegenden Verhältnisse unerlässlich. Die Abweichungen der erhaltenen Versionen von einander und auf der andern Seite die engen Beziehungen, welche zwischen ihnen existieren, lassen eine Vereinfachung des Filiationsverhältnisses nicht zu, so sehr ich auch bemüht war dieselbe anzustreben.

Filiations-Tafel.

$$
\begin{array}{c}
\text{bret. Elemente} \\
\text{Feenscene } x_1 \qquad x_2 \text{ Schlangenscene}
\end{array}
$$

Bret. • y franzö s. Uebertragung

Erste Entlehnung • z aus Erec

• Carduino

Zweite Entlehnung • u aus Erec

• Lyb. Disconus

• Bel Inconnu

• Wigalois

Durch die Grösse der Distanzstriche zweier auf eine gemeinsame Quelle zurückgehenden Versionen soll graphisch das Verhältnis der inhaltlichen Abweichungen angedeutet werden.

IV. Capitel.
Abschnitt XII.
Analyse des Wigalois.

Nach einer Einleitung, in welcher wir den Namen und die innere Persönlichkeit des Dichters kennen lernen, berichtet er wie folgt.

Dem glänzenden Hofe des Königs Artus zu Karidol naht eines Tages ein fremder Ritter. Er übergiebt der Königin einen prächtigen Gürtel mit der Bitte ihn zu behalten. Wenn sie es aber nicht wolle, so möge sie einen ihrer Ritter auswählen, um mit ihm zu kämpfen. Als die Königin am nächsten Morgen dem fremden Ritter sein Geschenk zurückgiebt, übernimmt es Gawein, den geforderten Kampf auszufechten. Aber, o Schmach, der nie Bezwungene unterliegt der geheimen Macht des Gürtels und muss dem Sieger in sein Land folgen. Hier giebt ihm der König die schöne und tugendhafte Florie zum Weibe, mit der er ein halbes Jahr im hohen Liebesglück lebt. Bald nimmt er von seinem Weibe Abschied, um auf kurze Zeit an Artus' Hof zurückzukehren, wird aber zu spät zu seinem grossen Schmerze gewahr, dass er nicht wieder zu Florie zurückkommen kann, weil er nicht im Besitz des Wundergürtels ist. Nach zwei Jahren nutzlosen Bemühens kehrt er zur Tafelrunde heim, den Verlust seines Weibes beklagend.

Indessen ist Florie die Mutter eines Knaben geworden, den sie mit der zärtlichsten Sorgfalt erzieht. Zum Jüngling herangewachsen, erfährt er von ihr das rätselhafte Verschwinden seines Vaters, den aufzusuchen von nun ab sein höchster Wunsch ist. Unter heissen Segenswünschen verlässt er die Mutter, um an Artus' Hof zu ziehen.

Nach der Weisung eines 1 Knappen kommt der Jüngling glücklich vor dem Palaste an und a lässt sich hier auf einen Stein nieder, auf dem zu sitzen nur dem durchaus Reinen möglich ist. Artus und das Hofgesinde eilen deshalb herbei, und ersterer erfährt nun, dass der Jüngling Gwi von Galois heisst, ein Ritter wer- b den will, aber seinen Vater nicht kennt. Der König ist über den schönen Gast hocherfreut und übergiebt ihn der Pflege Gaweins, der sich seiner dermassen annimmt, dass er bald zum Ritter geschlagen wird.

Als eines Tages der König an 2 der Tafel sitzt, erscheint eine schöne Jungfrau, von einem a Zwerge begleitet, und bittet Artus herzlich im Namen ihrer Gebieterin einen tapferen Ritter mit ihr zu senden, um eine furchtbare Aventüre zu bestehen. Sogleich erbietet sich Wigalois das Aben- b teuer auf sich zu nehmen. Nach einigem Zögern giebt Artus nach, worauf sich die Jungfrau zornig c vom Hofe entfernt. Trotzdem lässt sich der Jüngling waffnen und reitet der Erzürnten nach, indem er sie schliesslich besänftigt.

Am Abend kommen sie an 161 eine Burg, deren Besitzer die Gewohnheit hat nur den zu beher- a bergen, welcher ihn vorher im Kampfe besiegt hat. Wigalois ist sogleich bereit den Ritter zu bestehen. Die Gegner greifen sich mit ihren Speeren an, aber schon beim ersten Rennen sticht der Jüngling den Burgherrn vom Ross. c

Selbst schmerzlich von diesem 5 blutigen Ausgang berührt, eilt Wigal. weiter und kommt zu einer schönen Waldwiese, die zum Nachtlager einladet, denn die Nachtigallen singen ein Schlummerlied. Gegen Mitternacht ertönt plötzlich ein lautes Klagege- a schrei, das den Ritter aufspringen lässt. Er reitet dem Schalle nach und sieht zwei Riesen am Feuer sitzen, von denen der eine eine zarte Jungfrau in seinen Armen hält, die kläglich weint. Sogleich bohrt Wigal. diesem seine Lanze c durch die Brust, während ihn der andere mit einem Baumast angreift. Bald ist auch der zweite Riese kampfesunfähig.

Er behält nur unter der Be- 8 dingung sein Leben, dass er die geraubte Jungfrau in seinen Schutz nimmt.

Diese ist nämlich von dem 6 Hof des Königs Artus entführt, wohin sie der Riese zurückführen soll.

Auf der Weiterreise läuft 9 plötzlich vor den Reisenden ein wunderhübsches Hündchen über den Weg, das Wigal. fängt und b seiner Begleiterin in den Schoss legt. Es währt nicht lange, so erscheint ein Reitersmann in dem Tann und heischt das Hündchen c als sein Eigentum von der Jungfrau zurück. Als Wigalois aber nicht die geringsten Anstalten macht seine Forderung zu erfüllen, wendet der Jäger sein Ross und verschwindet mit zornigen Worten auf den Lippen.

Bald kehrt er wohl gewappnet 10 zurück und greift den kampfes- a freudigen Ritter an. Schon nach dem ersten Angriff liegt der Geg- b ner mit durchbohrter Brust am Boden.

Ungehindert setzt die Gesell- 11 schaft ihren Weg über Berg und Thal fort, bis sie vor sich eine schöne, einsam reitende Jungfrau erblicken, die laut weint. Man erfährt, dass ihr ein Ritter Leides a gethan, indem er ihr den rechtmässig zuerkannten Preis der Schönheit in Gestalt eines sprechenden Papageies auf einem geschirrten Pferde entrissen. Wi- b galois tröstet die Klagende und bietet sich an sie zu rächen. Man kommt auf einen freien Platz, der mit zahlreichen Zelten bedeckt ist, unter denen sich auch das des feindlichen Ritters befindet, der Hoyer von Mansfeld heisst. Nachdem sich der Jüngling gestärkt, überbringt er dem Gegner seine Forderung für den nächsten Morgen. Der Kampf beginnt zur festgesetzten Zeit und endet schliesslich mit der Niederlage c Hoyers. Er muss Pferd und Papagei wieder herausgeben und als Gefangener an Artus' Hof ziehen.

Eine Einladung der gerächten Schönen mit in ihr Reich zu ziehen, schlägt Wigal. aus, worauf sie ihm die Beutestücke zurückgiebt und von dannen zieht.

Am Abend desselben Tages erblicken sie vor sich ein buntes Zelt mit 50 Lanzen umsteckt, dessen Besitzer schon seit zehn Jahren auf dasselbe Abenteuer ausgeritten ist wie Wigalois. Beide Rivalen verabreden einen ehrlichen Zweikampf, in welchem unser Ritter als der stärkere den Sieg behält. *Ungruppierbar.*

Auf der Weiterreise macht die Begleiterin des Ritters diesen mit den näheren Verhältnissen des übernommenen Abenteuers vertraut. Die Königin von Korentin ist durch einen Heiden Roaz von Glois, der mit dem Teufel im Bunde steht, in grosses Unglück gestürzt. Er hat ihren Vater getötet nud sie ihres Landes beraubt; nur eine einzige uneinnehmbare Burg ist ihr geblieben. Dazu haust im Walde von Korentin ein furchtbares Ungeheuer, das jeden umbringt, der in seine Nähe kommt. Wer aber die jungfräuliche Königin von diesem Unglück befreien kann, der soll König von Korentin werden. Wigal. verspricht mutig die Befreiung des Landes. *Ungruppierbar.*

Während sie noch miteinander reden, reitet ihnen aus der nahen Burg von Korentin ein Ritter im grünen Waffenrock entgegen. Er ist der Truchsess des Landes und wegen seiner gewaltigen Stärke wohlberühmt. Eben deshalb wünscht Wigal. mit ihm zu kämpfen. Der schnell unternommene Streit wird jedoch nicht bis zur Entscheidung fortgeführt, vielmehr lässt es der Truchsess, die Gewalt des Gegners erkennend, beim ersten Lanzenrennen bewenden. 16 II

Dem jungen Helden wird auf der Burg ein prächtiger Empfang bereitet. Hier sieht er zum ersten Male die schöne Larie, für welche er die gefahrvolle Reise unternommen hat. Ihr Anblick entzündet eine heftige Leidenschaft in ihm und bestärkt ihn noch mehr in seinem Entschlusse für sie, wenn es sein muss, den Tod zu leiden. Am Morgen folgt er der Spur eines Ungeheuers, welches ihn an einer gespenstischen Ritterschaar vorüberführt. Das Tier gelangt zu einem Baume und nimmt hier plötzlich Menschengestalt an. Wigalois erfährt, dass er den ermordeten König von Korentin vor sich hat. *Von hier ab ist eine Gruppenscheidung nicht mehr möglich. V. 3973— Schluss.*

Nachdem der Unglückliche seine Tiergestalt wieder angenommen, trifft unser Ritter bald auf den scheusslichen Wurm Phetan, der soeben vier Ritter mit seinem Schwanz umschlungen hält. Schnell stösst der Jüngling dem Ungeheuer seine Lanze ins Herz, wird aber selbst so schwer verwundet, dass er zusammenbricht.

Ein glücklicher Zufall rettet Wigalois das Leben. Er wird auf die Burg einer Edeldame gebracht, deren Gatten er aus der Gewalt des Wurmes befreit hat, und hier auf das sorgfältigste gepflegt.

Nachdem er wieder völlig hergestellt ist, macht er sich wieder auf den Weg, um das nicht minder gefährliche Abenteuer mit dem Heiden Roaz zu bestehen. Ehe er zu dessen Burg gelangt, hat er noch mit einem Teufelsweibe Ruel und einem riesenstarken Zwerge zu kämpfen, wobei er nahe daran war, durch einen giftigen Nebel sein Leben zu verlieren. Endlich schlüpft er glücklich durch ein von Wasser umgetriebenes Rad in das Burgthor hinein. Sofort tritt ihm das Ungeheuer Marriên entgegen, welches halb Mensch und halb Pferd ist. Nach langem und erbittertem Kampfe, in welchem Wigal. schwere Brandwunden erleidet, gelingt es ihm, das Ungetüm unschädlich zu machen. Nachdem der Jüngling noch 2 greise Thorwächter besiegt hat, tritt er endlich in den Saal seines Feindes Roaz ein.

Der sich bald entwickelnde Kampf wird auf beiden Seiten mit grosser Geschicklichkeit und Erbitterung geführt. Zu guter letzt aber gelingt es dem jungen Ritter doch, dem Heiden sein blitzendes Schwert in die Brust zu bohren, so dass er lautlos zusammenbricht. Masslos ist der Schmerz seiner Gattin Jafite und ihrer Jungfrauen. Die Edle sinkt auf den Leichnam des Gefallenen hin und haucht ihre treue Seele aus. Auch Wigal. war ohnmächtig geworden und wäre sicherlich von den erzürnten Jungfrauen Jafites getötet, wenn sich nicht der alte Graf Aden seiner angenommen und die entflohenen Lebensgeister zurückgerufen hätte.

Der glückliche Sieger nimmt darauf das Treugelübde der Burginsassen entgegen und bricht am nächsten Morgen nach dem Seeschloss des Grafen Morale auf, demselben, wo er bereits nach Besiegung des Ungeheuers Phetan Pflege gefunden. Schnell sendet er von hier aus den Grafen mit einem Briefe an die geliebte Larie, um sie zu bitten so schnell als möglich in seine Arme zu eilen. Die edle Jungfrau und ihre Mutter Amena zögern nicht einen Augenblick den Wunsch ihres Befreiers zu erfüllen. Die Freude des Wiedersehens auf dem Seeschloss Jorafas war ausserordentlich gross, und Wigal. wurde nun durch die Liebe der schönen Larie für alle Leiden reichlich belohnt.

Die Hochzeit des jungen Paares aber findet in Korentin statt, wohin die Edlen des Reiches aus allen Gauen zusammengeströmt waren. Unter dem rauschenden Beifall der Vasallen setzt Larie ihrem Geliebten selbst die goldene Krone aufs Haupt und giebt sich, ihr Land und ihre Unterthanen ihm zu eigen. Um die Freude voll zu machen, erscheint auch plötzlich Gawein vor der Burg, den Wigal. durch den in ein Ungeheuer verwandelten König von Korentin als seinen Vater kennen gelernt hatte. Beide schliessen sich in ihre Arme und geniessen die Wonne des Wiedersehens.

Kaum ist die 12 tägige Hochzeitsfeier beendet, so erscheint ein Knappe vor dem König und zeigt ihm an, dass Lion von Namur seinen Herrn, den Fürsten Amire von Libia, einen Verwandten der Königin Larie, getötet habe. Der tapfere Wigalois unternimmt sogleich einen grossen Rachekrieg gegen den Frevler, an dem sich seine sämtlichen Vasallen beteiligen. Lion von Namur wird im Zweikampf von Gawein besiegt, und sein Herzogtum dem Grafen Morale zu Lehn gegeben.

Nach siebentägigem Aufenthalt in Nantasan beim König Artus kehren Wigal. und seine Gemahlin in ihr Reich zurück. Hier wird Larie die Mutter eines Knaben mit Namen Lifort Gawanides, der seines Vaters Ruhm fortsetzt und sogar noch übertrifft. Seine Thaten finden sich in einem französischen Buche aufgezeichnet und sind so wunderlicher Art, dass nur ein ausgezeichneter Dichter sich unterwinden kann denselben ein neues poetisches Gewand in deutscher Sprache anzulegen.

Abschnitt XIII.
Verhältnis des Wigalois zum Bel Inconnu.

Aehnlich wie die Quellenfrage bei Wolfram, so ist auch die bei Wirnt eine der kompliziertesten der vergleichenden Litt.-Geschichte. Es sind die verschiedensten Ansichten in Bezug auf das Verhältnis Wirnts zu seiner Quelle vertreten worden, von denen ich nur 3 mitteile, weil sie in Spezialarbeiten niedergelegt sind.

Meisner ist Cap. II der Ansicht, dass der deutsche Dichter eine Vorlage benutzt habe, welche das ganze Gedicht und sogar noch mehr in vollständig detaillierter Beschreibung enthielt, und dass ihm die Aventüre aus einem frz. Buche vorgelesen resp. übersetzt ist.

Mebes hingegen hat die Meinung ausgesprochen, Wirnt habe für einen Teil seiner Dichtung die Verse 1—315, 687—1850 und 2471—2726 des frz. Romanes handschriftlich vor sich gehabt, jedoch in einer Redaktion, welche der engl. Romanze verwandt war; für den übrigen Teil des Gedichtes benutzte er die Erzählung eines Knappen.

Ganz andere Anschauungen hingegen hat Bethge. Er behauptet, dass Wirnt sein Werk nach der einmaligen mündlichen Darstellung eines Knappen gedichtet hat (p. 28), und zwar kann zwischen der Erzählung dieses Knappen und der Vollendung des Gedichtes ein Zeitraum bis zu 5 Jahren angenommen werden.

Gaston Paris enthält sich in seinem mehrfach zitierten Aufsatz eines präzis formulierten Urteils über das Verhältnis Wirnts zu seiner ev. Vorlage.

Am einfachsten wäre es, mit Meisner anzunehmen, dass Wirnt eine vollständig ausgearbeitete Quelle vor sich hatte, der er Schritt für Schritt wie andere mhd. Dichter folgte.

Dagegen kann aber mit Entschiedenheit die Art und Weise geltend gemacht werden, wie sich der Dichter auf seinen Gewährsmann beruft. Er sagt: (Benecke V. 132; Pfeiffer 8, 32)
„Nu wil ich iu ein maere
Sagen, als ez mir ist geseit", und dann: (B. V. 596);
„Hiet mierz ein Knappe nicht geseit . . ."
Derselbe Gedanke kehrt auch V. 11687 ff. wieder. Ganz abgesehen von diesen Schwierigkeiten, ist aber auch mit der Erklärung Meisners nicht das Geringste gewonnen. Wir würden einfach fragen, wie es kommt, dass eben die Quelle Wirnts, aus welcher der Knappe übersetzte, in so merkwürdiger Weise zusammengesetzt war, wie noch heute der ihr genau folgende Wigalois. Mit anderen Worten: Die Erklärung Meisners ist überhaupt keine, denn sie überträgt das Problem einfach auf eine hypothetische Vorlage, ohne es zu lösen. Ebenso wenig berechtigen uns die übrigen zahlreichen Berufungen des Dichters auf seine Quelle, von denen ich eine übersichtliche Tabelle beigegeben habe,[1]) irgend wie dazu, eine Vorlage anzunehmen, aus der sich Wirnt, wie einst Wolfram, abschnittweise vorübersetzen liess. Der Dichter sagt an der oben zitierten Stelle:
„Hiet mirz ein Knappe niht geseit
Ze einer ganzen warheit
Wider den ich allewile streit."
Aus der Anwendung des imperf. „streit" geht deutlich hervor, dass die Erzählung des Knappen der Dichtung voraufging, nicht aber, dass sie gleichzeitig mit ihr war. Eine Uebersetzung der Worte „alle wile streit" mit „mais j' en dispute tout le temps avec lui", also mit dem praes., wie sie G. Paris giebt, ist nicht zulässig, weil gerade hier ein Anlass zu Irrtümlichkeiten darin liegen könnte, insofern der Bericht des Knappen als gleichzeitig mit der Niederschrift des Gedichtes

gesetzt wird. Die Ansicht Meisners oder eine ähnliche sehe ich als beseitigt an und wende mich nun zur Prüfung der Meinung von Mebes.

Letzterer hat eine Anzahl von Parallelstellen aus dem deutschen und frz. Gedichte abgedruckt, um zu beweisen, dass Wirnt Teile der frz. Version handschriftlich benutzt hat. Eine Wiedergabe aller Gruppen, die beiden Gedichten gemeinsam sind, lässt der Raum nicht zu. Sie würde auch nutzlos sein, denn, wenn wir nur von einer auch noch so kleinen Partie des Bel Inconnu nachgewiesen haben, dass sie Wirnt handschriftlich vorgelegen haben muss, so ist damit für unseren Zweck gerade dasselbe erreicht, als wenn wir es für Hunderte von Versen erwiesen hätten. Ich greife zur Vergleichung des deutschen und frz. Gedichtes eine Parallelstelle der 16. Gruppe heraus.

V. 1928—56.   V. 2487—2514.

Si sprach „riter, rätet, wie	1 Li chevaliers dist: „Que ferons?
Ode wâ wir bînaht blîben	2 Damoiselle, herbergerons
Dâ wir die naht vertrîben."	3 En cest castel ici devant?"
„Libiu frouwe, swâ ir welt"	4 Cele respondit maintenant:
Si sprach ich weiz einen helt,	5 „Sire, fait ele, nenil mie.
Des hûs ist hie nâhen bî.	6 De la aler n'aies envie.
Ichn weiz ab wie sîn name sî:	7 Car tant en ai oi parler,
Wan ein dinc ist mir wol bekant:	8 Que moult i fait mauvais aler.
Ez ist umbe in sô gewant,	9 Un usage vos en dirai,
Er hât wunderlîche site	10 Dou castel que je moult bien sai.
Dâ er sîn brôt fristet mite.	11 Li borjois que'en la vile sont
Denn ist deheiner slahte rât,	12 Ja homme ne herbergeront.
Swer sô rîters namen hât,	13 Tot herbergent cis le signor;
Wil er des nahtes dâ rouwe hân	14 Car il veut faire a tos honor,
Ern müeze in eine bestân	15 Et Lampars a a nom li sire,
Uf dem velde mit rîterschaft.	16 Dont je vos veul l'usage dire.
Und ist er danne sô manhaft	17 Il ne herberge chevalier
Daz er in überwindet	18 Qui viengne arme sur son destrier,
Ich sagiu daz, er vindet	19 Se premiers ne jostent andui,
Von gemache dâ swes sîn herze gert;	20 Tant qu'il l'abatra, u il lui.
Wande er wirt von im gewert	21 Mais se Dius velt itant aidier
Sô guoter handelunge dâ	22 Celui qui i vient herbergier,
Die niemen funde anderswâ.	23 Que il abate le signor,

Stichet ab in der wirt nider,	24 Ostel ara, a grant honor;
Sô muoz er danne blôzer wider	25 Et se li sires abat lui
Scheiden gar ân sîn habe.	26 Si s'en retorne a grant anui
Mich dunket guot, wir tuon uns abe	27 Parmi la vile sans cheval;
Der ruowe und rîten annderswâ:	28 Ases i suefre honte et mal."
Si ist ze boesem gewinne dâ."	29 .

Wie man sieht, beginnt der Text in beiden Versionen mit einer Frage, welche auf die Erforschung der Herberge hinzielt, die bei einbrechender Nacht aufzusuchen ist. Darauf wird in Zeile 4 und 5 in beiden Texten 2 mal die Person der Jungfrau erwähnt, wobei in Zeile 5 sogar eine genaue Uebersetzung von „fait ele" durch „si sprach" gegeben wird. Ebenso ist der Satz: „En cest castel ici devant" korrekt wiedergegeben in den Worten: „des hûs ist hie nâhen bî." Der Rat der Jungfrau, den Renaut durch die Verse 5 und 6 ausdrückt, findet sich bei Wirnt gleichfalls nur durch 2 Zeilen wiedergegeben, nämlich 27 und 28. Vers 9 und 16 des frz. Gedichtes werden durch die Zeilen 9 und 10 im mhd. ausgedrückt. Der Sinn des 7. und 10. Verses des Renautschen Gedichtes: „Car tant en ai oi parler" und „que je moult bien sai" wird durch den 8. des mhd. vollkommen wiedergegeben. Selbst die starke Negation der 12. Zeile kehrt an gleicher Stelle in beiden Texten wieder, trotzdem der Sinn geändert ist. Der in den frz. Versen 14 und 24 ausgedrückte Gedanke ist auch bei Wirnt in den Zeilen 19—23 zu finden. Dasselbe gilt von den Reihen 17—20 des frz. und 13—16 des mhd. Gedichtes, wie ein jedesmaliger Vergleich lehren kann. In gleicher Weise lassen sich auch die Verse 21—23 mit denen Wirnts, welche die Zahlen 17 und 18 tragen, inhaltlich identifizieren. Fügen wir noch zu guter letzt hinzu, dass auch die Zeilen 25—28 des frz. Gedichtes mit den Zeilen 24—26 und 29 des mhd. vollkommen übereinstimmen, so wird nach alledem wohl nicht mehr gezweifelt werden können, dass es sich hier in der That um nichts weiter als um eine „ziemlich getreue Uebersetzung" des frz. Originals handelt. Hierbei ist ein besonderer Nachdruck darauf zu legen, dass die Uebereinstimmung sowohl eine qualitative als auch vor allem eine quantitative ist, denn die 28 frz. Verse entsprechen den 29 mhd. genau, wobei nur je

2 Zeilen sich nicht decken. Auf Grund dieser Textvergleichung glaube ich zu der Annahme berechtigt zu sein, dass der deutsche Dichter etwas Handschriftliches vor sich hatte, wenn wir nicht zu der Ausflucht greifen wollen, dass der Knappe ganze Stellen aus Renaut auswendig wusste. Im letzteren Falle müsste Wirnt in der That ein phänomenales Gedächtnis gehabt haben, das ihm ermöglichte, diese Partien fast wörtlich festzuhalten. Bethge sagt in seiner Dissertation: „Hätten die betreffenden Abschnitte des frz. Originals Wirnt wirklich in einer Handschrift vorgelegen, so begriffe man garnicht, weshalb er willkürlich und zwecklos alle Namen verändert haben sollte." Es wird jeder zugeben müssen, dass das vorzügliche Gedächtnis des Knappen und seines Nacherzählers, das aus einem über 6000 Verse langen Bericht lange Stellen genau wiedergeben konnte, sicherlich auch einige Namen treu bewahrt hätte. Ja, nicht einmal der Name des Libeaus Desconeus kehrt bei Wirnt wieder. Soll der Knappe auch diesen vergessen haben? Die Ansicht Bethges scheint mir im höchsten Grade widerspruchsvoll und unwahrscheinlich. Es bleibt nichts übrig als anzunehmen, dass der deutsche Dichter absichtlich an Stelle der vorgefundenen Namen andere, ihm zusagende setzte.

Der Genannte hat auf Seite 28 seiner Arbeit die Worte seines Vorarbeiters Mebes durchaus falsch verstanden, wenn er glaubt, dass dieser auch für den zweiten, nicht oder nur in einzelnen Zügen mit Renauts Gedicht zu identifizierenden Teil der mhd. Dichtung, Fragmente einer Handschrift annimmt. Vielmehr bemerkt Mebes ausdrücklich auf Seite 15, dass „Wirnt v. Gravenberg hier (in dem zweiten Teile) sicher nur nach der mündlichen Erzählung eines Knappen dichtet." Für uns liegt die Annahme sehr nahe, wenn man den Resultaten der voraufgehenden Textvergleichung beizustimmen gewillt ist, dass Wirnt überall da, wo die Aehnlichkeit seiner und der frz. Darstellung augenfällig ist, eine handschriftliche Quelle zu Gebote stand, während wir im entgegengesetzten Falle berechtigt sind zu der Erzählung des Knappen unsere Zuflucht zu nehmen.

Die beigegebene Tabelle der 34 sachlichen Quellenberufungen Wirnts zeigt eine sehr beachtenswerte Erscheinung. Während durchschnittlich in jedem 343. Verse eine Berufung auf die Quelle zu finden ist, setzt diese Thatsache mit dem Augenblick, wo Wirnt in unseren gruppierten Sagenstoff eintritt, viele Hundert Verse hindurch völlig aus. (Nr. 12 hat keine Entsprechung im frz. Gedichte). Wie ist nun diese Erscheinung zu erklären? Ich glaube am natürlichsten so: Der Dichter meinte, solange er sich auf dem festen Boden der handschriftlichen Ueberlieferung bewegte, der Pflicht auf seine Quelle hinzuweisen überhoben zu sein, denn er hielt den geschriebenen Bericht für genügend beglaubigt. Für den Kritiker ergiebt sich daraus, dass Wirnt selbst mehrere Wertgrade seines Quellenmaterials unterschied. Bei der handschriftlichen Ueberlieferung, die wir als Quelle nachgewiesen haben, findet, nie[1]) eine Berufung statt, hingegen bei Elementen, die auf die Erzählung des Knappen zurückgehn, sehr häufig.

Zu dieser Beobachtung gesellt sich noch eine andere. Dies ist die Thatsache, dass der deutsche Dichter ein und dasselbe Abenteuer zweimal erzählt, natürlich mit Abweichungen. Wir nennen die Gruppen 16 I und 16 II, weil beide auf die einfache frz. Gruppe 16 zurückzuführen sind. Wie kommt es nun, dass Wirnt diese Erzählung zweimal berichtet? Der Grund ist leicht einzusehen. Auf der einen Seite folgte er der korrekten schriftlichen Vorlage, und daher die genaue Uebereinstimmung der mitgeteilten Textstücke, auf der andern hingegen den dunkeln Reminiscenzen des Knappen, der das Abenteuer derartig vortrug, dass Wirnt die Identität beider Quellen nicht erkannte. Dass dieser Irrtum eintreten konnte, lag einesteils daran, dass der Knappe weiter nichts mehr wusste, als dass Guinglain mit dem Truchsess der zu erlösenden Jungfrau gekämpft, anderteils aber auch, dass der Stand dieses Gegners in der schriftlichen Vorlage erst ganz spät nach dem Kampfe genannt wird. Brach die Vorlage vorher ab, so konnte Wirnt nicht wissen, dass es sich in beiden Berichten um ein und dieselbe Person des Seneschalls oder Truchsesses handelte. Dieser bedeutungsvolle Irrtum spricht nach meiner Ansicht sehr für die Benutzung zweier verschiedenen Quellen.

---

1) In No. 12 scheint W. den Bericht des Knappen vorgezogen zu haben.

Die Entstehung des mhd. Gedichtes und sein Verhältnis zu Renaut de Beaujeu denke ich mir folgendermassen. Wirnt war von Jugend auf darauf bedacht, sich dichterischen Ruhm zu erwerben, wie er selbst uns erzählt. (V. 54—60). So wird er sich nach einem passenden Stoff für ein grösseres Gedicht, das sein Erstlings-Werk sein sollte (140), umgesehen haben. Unter den Büchern eines Bekannten fand er eine frz. Handschrift, welche die Abenteuer des Lifort Gawanides, des Sohnes unseres Sagenhelden, enthielt. (16661). Diese waren aber so verwirrt und schwierig (16655), dass sich der junge Poet dadurch abgeschreckt fühlte (11664—66) und erst seine Kräfte an einem leichteren Stoff üben wollte. Wenn er mit seinem ersten Versuch aber Glück haben sollte, so wolle er später die Abenteuer des Lifort Gawanides besingen (11669—74). Hier bei demselben Freunde, vielleicht gar an die erstere Handschrift angebunden, fand Wirnt Fragmente eines anderen Gedichtes, dessen Zusammengehörigkeit mit Gawanides er, da er Französisch verstand (Mebes p. 15), sogleich erkannte. Diese Fragmente waren entweder in falscher Reihenfolge gebunden, oder sie bestanden aus unpaginirten Blättern; so kam es denn, dass er das Blatt mit der Gruppe 16 I zwischen die 2te uud 5te Gruppe einschaltete. Die Gruppen 1, 2—5, 6—8, 9, 10, 11 befanden sich jedenfalls auf zusammenhängenden Blättern, denn Wirnt stellt sie in der richtigen Reihenfolge dar. Um nun Näheres über den Zusammenhang dieser Fragmente mit Lifort Gawanides zu erhalten, wandte sich Wirnt an einen Knappen, der ihm, da solche Leute weit in der Welt herumkamen und oft die Dienste des Vorlesers auszufüllen hatten, mit Wahrscheinlichkeit Auskunft geben konnte. Der Knappe berichtete dem jugendlichen Dichter in grossen Zügen, was er von den Abenteuern Guinglains wusste und fügte noch, um seinen Zuhörer für die mangelhafte Darstellung zu entschädigen, eine so grosse Menge von Einzelheiten und Beschreibungen aus dem reichen Schatz seiner Kenntnisse hinzu, dass der ursprüngliche Kern ganz in den Hintergrund trat. Wenn Wirnt etwas zweifelhaft erschien, so fiel er dem Knappen ins Wort und stritt mit ihm. (595—98). Wir haben uns daher den Bericht dieses Mannes nicht als eine Art fortlaufenden Vortrags vorzustellen, wie Bethge will, sondern vielmehr als eine Unterhaltung zwischen dem Erzähler und seinem Zuhörer. Sicherlich wird Wirnt den Knappen auch über die Authentizität der beschriebenen Blätter befragt haben, wobei der Gefragte dieses und jenes hinzufügte (Quellenberufung 12), sodass nun in der That der grösste Teil des vom Dichter dargestellten Stoffes durch den Mund des Knappen hindurch gegangen war. (11687) So erklärt sich denn, dass Wirnt nur immer von der Erzählung des Knappen redet. Die handschriftliche Partie, die nur etwa $^1/_5$ des ganzen Gedichtes einnimmt, trat so sehr hinter dem Bericht zurück, dass sie bei dem Dichter gar nicht in Frage kam, wenn er von seiner Quelle im allgemeinen sprach. Dass natürlich dem jungen Dichter vieles entfallen war, was ihm mitgetheilt wurde, ist bei der Länge des Stoffes ganz natürlich.

So erklärt sich denn die Klage des Dichters:
„Davon was mir tiure
Daz maere an manegen enden" 11691—92.

Die Art und Weise wie wir uns die Entstehung des Wigalois denken, hat nichts Widerspruchsvolles und Gezwungenes in sich. Sie stützt sich auf die vorliegenden Thatsachen und sucht sowohl den beobachteten Beziehungen der beiden Texte als auch den Angaben des Dichters selbst in gleicher Weise gerecht zu werden.

Uebersicht über die Bezugnahmen auf die Quelle.

	Benecke Vers		Pfeiffer. Seite.
1	132	Wil ich iu ein maere sagen, als ez mir ist geseit.	8. 32
2	176	Auf die Beschreibung von Artus' Hof bezüglich.	9. 36
3	199	Artus' Haus war prächtig ausgestattet.	10. 19
4	209	Artus hielt sich 1000 mächtige Ritter als Ingesinde.	10. 29
5	596	Gawein wird durch die Hülfe des Zaubergürtels besiegt.	20. 16
6	742	Auf Floriens Anzug bezüglich.	24. 2
7	1006	Gawein nimmt die weinende Florie zu seinem Weibe.	30. 25
8	1194	Ohne den Zaubergürtel kann niemand in das Feenland kommen.	35. 10
9	1323	Auf Gaweins Treue und Edelmut bezüglich.	38. 18
10	1510	Gawein nahte sich einer Jungfrau wider ihren Willen.	43. 6
11	1709	Noch heute erzählt man sich, wie freigebig Artus war.	48. 5
12	1732	Der Zwerg stand hinter der Jungfrau auf dem Rosse.	48. 28
13	3870	Der Lindwurm speit eine alles vernichtende Glut aus.	102. 6
14	5624	Nur die Tafelrundner führen eine runde Tafel im Wappen.	145. 40
15	6092	Lamêre wird um seines Harnisches willen erschlagen.	157. 28
16	6301	Larie war dreimal schöner als das weibliche Monstrum Ruel.	162. 37
17	6737	Der Zaubernebel hielt jedes lebende Wesen auf.	173. 33
18	6926	Das drehbare Wasserrad schloss das Abenteuer ab.	178. 22
19	6941	Das Feuerweib war zwischen Gürtel und Haupt ein Mann.	178. 37
20	7450	Die Salamander leben im Feuer.	191. 26
21	7917	Wigalois gewann manchen hohen Preis mit ganzer Mannheit.	203. 13
22	8239	In Jafites Sarg brennen zwei Balsam Schalen noch heute.	211. 15
23	9069	Rial kommt auf Elephanten zur Hochzeit des Wigalois.	232. 5
24	9094	Schaffilun ist von Wigalois erschlagen worden.	232. 30
25	9242	Der FreudenZiel hiess Korentin, nachdem Wigalois dort herrscht.	236. 18
26	9541	Wigalois pflâc Larien so, daz si der pflege wart vil frô.	243. 37
27	9798	12 Tage dauerte die Hochzeit des Wigalois.	250. 14
28	10387	Beschreibung eines Wunderbalsams.	265. 3
29	10439	Wigalois bricht zur Belagerung auf.	266. 15
30	10505	Beschreibung der Rüstung von Rials Kriegern.	268. 1
31	10529	Die Schönheit Lariens wetteifert mit der Sonne.	268. 25
32	10643	Erec und Iwein begleiten und schützen Larie.	271. 19
33	11610	wie unter Nr. 25.	295. 26
34	11687	Die Märe hört ich von einem Knappen, deshalb war sie mir tiure.	298. 1

Der durchschnittliche Abstand je zweier Quellenberufungen beträgt c. 343 Verse. Zwischen der 12 und 13 hingegen, im Gebiete der handschriftlichen Ueberlieferung, beläuft sich die Differenz auf 2138 Verse.

Abschnitt XIV.

Wigalois und Winwalois.

Professor Suchier machte mich darauf aufmerksam, dass in der katholischen Kirche ein Heiliger namens Winwalois existiere, dessen Namen mit dem unseres Helden unzweifelhaft identisch ist. Die darauf hin angestellten Untersuchungen haben das höchst interessante Resultat ergeben, dass zwischen den Lebensverhältnissen unseres romantischen Helden und denen des heiligen Winwalois eine entschiedene Aehnlichkeit hinsichtlich eines Punktes vorhanden ist. Die vita des Heiligen findet sich bei Laurentius Surius II p. 49—54 und in den Acta Sanctorum I p. 245—261 unter dem 3. März des ausführlichen beschrieben.

Hier heisst es nun, dass Winwalois aus Britannien stamme und der Sohn des Fracanus, eines Mannes aus königlichem Stamme, und der Guen gewesen sei. Gegen 455 wurde er geboren. Von allen wunderbaren Ereignissen aus dem Leben dieses Heiligen interessiert uns nur das, welches bei Surius auf p. 51 erzählt wird:

Ein Schüler des Winwalois legte sich einst vom Unterricht ermüdet auf den Boden nieder und schlief ein. Kaum war er entschlummert, so heisst es: „Et ecce e suis latibulis sese serpens proripiens, dormientis pedem morsu viulento appetit, rursusque in suas se latebras abdit." Der tötlich verwundete Jüngling bittet seinen Lehrer Winwalois ihn vom Tode zu retten. „Eum vero sanctus Winwalocus humi iacentem erexit et cum illo pariter abiit ad locum, ubi a serpente percussus erat: ibique fusa ad Deum prece, voce magna jussit serpentem e suo specu prodire in publicum. Mox ille e sua caverna egreditur, squamis horridus, linguamque vibrãs trifulcam, ictus mortiferos intentat. Porro sanctus Winwalocus contra illum extensa manu, crucis figuram exprimit, et signo vitali tanquam hastae cuspide ita eum transfixit, ut creparet medius, finemque faceret deinceps alios laedendi." Nachdem er nun den Verwundeten wieder völlig hergestellt, heisst es weiter: „Fertur postea vir sanctus a patre suo et aliis fidelibus rogatus, a Deo id precibus obtinuisse, ut in illa regione serpentes vivere non possint. Nam si qui capiendi experimenti causa eo adducantur, eos tanquam telo ictos, mox expirare aiunt."

Ganz ähnlich wie diese Schlangenscene hier erzählt wird, kehrt sie in den 3 von Bolland abgedruckten Handschriften wieder. Dieser merkwürdige Kampf mit der Schlange spielt sich wie bei Renaut und den Parallelgedichten in der Bretagne ab. Der Name des Winwalois[1]) ist ebenso wie der Guinglains keltischen Ursprungs. Es steckt in ihm wahrscheinlich das kelt. adj. „gwin", das „weiss" bedeutet und als feminin „gwenn" lautet.[2]) Letzteres ist der Name der Mutter unseres Heiligen. Der Heilige wird durchgehends in der Vita auctore Gurdestino monacho ex manuscripto Armorico mit dem Namen Guingalois bezeichnet. Leider bin ich nicht in der Lage über diese kelt. Namen nach ihrer lautlichen Seite hin ein Urteil abzugeben.

Einerseits liesse sich nun vermuten, dass die erwähnte Schlangenscene aus der kirchlichen Tradition in die Volkspoesie und von da aus in unseren Roman übergegangen ist, andererseits ist es auch möglich, dass die Sage vom Helden Guinglain die ursprüngliche war und als solche wegen der Identität der Namen von der Kirche aufgenommen wurde. Beide Fälle wären denkbar, der letztere aber ist der einzig wahrscheinliche. Dass überhaupt eine derartige Entlehnung stattfinden konnte, hat eben in erster Linie in der Gleichheit der Namen der Personen, dann aber auch in dem gleichen Schauplatz ihres Auftretens seinen Grund. Den Mönchen musste es im hohen Grade angenehm sein, ein neues Wunder zur Glorifikation ihres Heiligen im Volksbewusstsein vorzufinden und so werden sie sich beeilt haben dasselbe in einer schicklichen Form ihrem Winwalois anzudichten.

---

1) cf. Zimmer: Zsch. f. fr. Spr. u. Litt. XII. p. 237.
2) K. Meyer, Glossar.

Nachtrag.

1. Auf Seite 20 ist als No. 8 hinzuzufügen:
   Mannhardt: Antike Wald- und Feldkunde. Berlin 1877 p. 64 ff., wo auch noch weitere Litteratur zu finden ist.
2. In der Tabelle I Columne II ist 17c in **17b** zu ändern und in der Tabelle II an der entsprechenden Stelle nachzutragen.

Vita.

Ego, Georg Albert Heinrich Mennung, natus sum in oppido, cui nomen Hildesheim est, die XV mens. dec. h. s. a. LXVI, patre Gustavo, matre Henrietta e gente Gansert, quos adhuc superstites esse gaudeo. Fidem confiteor evangelicam. Literarum primordia accepi scholam elementariam frequentans Parthenopoli, in vico Friedrichsstadt appellato. Deinde gymnasium reale Parthenopolense, quod tunc directore illustri Holzapfel florebat, per undecim annos frequentavi. Cuius scholae maturitatis testimonium adeptus, ineunte vere anni h. s. LXXXVII in universitatem Lipsiensem receptus sum ut in studium linguarum recentium incumberem. Deinde post duos annos Halas Saxonum ad literarum studia absolvenda me contuli, ubi usque ad hoc tempus moratus sum. Scholis interfui virorum illustrissimorum et doctissimorum Lipsiae: Ebert, cuius in socitate romanica sodalis fui, Fricke, v. d. Gabelentz, Hermann, Heinze, Kögel, Körting, Masius, Pückert, Schirmer, Techmer, Wülcker, — Halis: Aue, Bremer, Doutrepont, Erdmann, Odin, Sievers, Stumpf, Suchier, Wagner, Wiese. Benevolentia Herm. Suchier atque Albr. Wagner mihi contigit, ut Halis seminarii romanici (II sem.) atque anglici (IV sem.) essem sodalis. Omnibus his viris optime de me meritis gratias ago quam maximas, imprimis vero Hermanno Suchier, cuius erga me studiaque benevolentiam grata semper et pia memoria habebo.